ଗୌତମ ଜେନାଙ୍କ
ସମୟ ବିଷାଦ ନଈ

ଗୌତମ ଜେନାଙ୍କ

ସମୟ ବିଷାଦ ନଈ

ସଂପାଦନା:

ମହେଶ୍ୱର ପାଢ଼ୀ

ଅଧ୍ୟକ୍ଷ, ବ୍ରହ୍ମବରଦା ମହାବିଦ୍ୟାଳୟ,
ବରଦା ବିହାର, ଯାଜପୁର

ବ୍ଲାକ୍ ଈଗଲ୍ ବୁକ୍ସ
ଭୁବନେଶ୍ୱର, ଓଡ଼ିଶା

BLACK EAGLE BOOKS
Dublin, USA

ଗୌତମ ଜେନାଙ୍କ ସମୟ ବିଷାଦ ନଈ

ବ୍ଲାକ୍ ଈଗଲ୍ ବୁକ୍ସ : ଭୁବନେଶ୍ୱର, ଓଡ଼ିଶା • ଡବ୍‌ଲିନ୍, ଯୁକ୍ତରାଷ୍ଟ୍ର ଆମେରିକା

BLACK EAGLE BOOKS

USA address:
7464 Wisdom Lane
Dublin, OH 43016

India address:
E/312, Trident Galaxy, Kalinga Nagar,
Bhubaneswar-751003, Odisha, India

E-mail: info@blackeaglebooks.org
Website: www.blackeaglebooks.org

First Edition: 1990
Second Edition: 2003

First International Edition Published by
BLACK EAGLE BOOKS, 2023

SAMAYA BISADA NAYEE
by **Goutam Jena**
Edited by **Maheswar Padhi**

Copyright © **Goutam Jena**

All rights reserved. No part of this publication may be reproduced, stored in a retrieval system, or transmitted, in any form or by any means, electronic, mechanical, photocopying, recording or otherwise without the prior permission of the publisher.

Cover & Interior Design: Ezy's Publication

ISBN- 978-1-64560-380-1 (Paperback)

Printed in the United States of America

ଗୌତମୀର ସ୍ମୃତିରେ
ଅହରହ ଜଳୁଥିବା
ସେହି ଗୌତମମାନଙ୍କୁ.......

ମହେଶ୍ୱର

କାହିଁକି ଏ ବହି !

ଗୌତମ ଜେନାଙ୍କ 'ସମୟ ବିଷାଦ ନଈ' ଏକ ଉଚ୍ଚାଙ୍ଗ କାବ୍ୟ ସୃଷ୍ଟି। ଆଧୁନିକ ଓଡ଼ିଆ କବିତାର କ୍ଲାସିକ୍ ଗ୍ରନ୍ଥ ରୂପେ ଏହାକୁ ବିବେଚନା କରାଯାଇପାରେ। କାବ୍ୟ ନାୟିକା ଗୌତମୀକୁ କେନ୍ଦ୍ରରେ ରଖି କବି ପ୍ରେମ, ପ୍ରଣୟ ଓ ଅକୁଣ୍ଠ ଭଲପାଇବାର ଏକ ଚିପୁଡ଼ା ଲୋଡ଼ିବାପଣକୁ ବ୍ୟକ୍ତିଗତ ଅନୁଚିନ୍ତନର ଗଭୀରତାରେ ଆକଳନ କରି ସର୍ବଜନ ଚେତନାର ମଂଜରେ ଏହାକୁ ନିମଗ୍ନ କରାଇ ଅଛନ୍ତି। ଯେଉଁଠି କାବ୍ୟ ନାୟକ କବିସତ୍ତା ଉପରେ ସବାର ହୋଇ ଆମ ନିତିଦିନିଆ ଜୀବନର ଏକ ପ୍ରତିନିଧି ପାଲଟି ଯାଇଛି। କାବ୍ୟ ନାୟିକା ଗୌତମୀ କବିର ପ୍ରେମିକା ନୁହେଁ ବରଂ ପ୍ରତିଟି ପ୍ରେମପଣର ଏକ ଅନ୍ତହୀନ ଆଲୋଡ଼ନ। ଦେହଠାରୁ ଦେହାତୀତର ଏକ ଐନ୍ଦ୍ରଜାଲିକ କେନ୍ଦ୍ରବିନ୍ଦୁରେ ତା'ର ପରିକଳ୍ପନା। ପ୍ରେମରେ ଜୀଇଁବା, ପୁଣି ପ୍ରେମରେ ହୃଦୟ ଦେଇ ମରିବା ଏଠି ବଡ଼କଥା। ଆମ କାବ୍ୟ ପରଂପରାରେ କବି ଜୟଦେବଙ୍କ ଅନୁଚିନ୍ତନ ଧାରାଟି ଆଲଙ୍କାରିକ କାବ୍ୟ ଯୁଗରେ ରାଧାକୃଷ୍ଣଙ୍କୁ ଉପଜୀବ୍ୟ କରି ଯେଉଁ ପରକୀୟା ପ୍ରୀତିର ପରିକଳ୍ପନା କରିଥିଲା ଏବଂ ପ୍ରେମର ଶ୍ରେଷ୍ଠତ୍ୱ ତହିଁରେ ଆରୋପିତ କରିବାର ପ୍ରଚେଷ୍ଟା କରିଥିଲା କବି ଗୌତମ ଜେନାଙ୍କ 'ସମୟ ବିଷାଦ ନଈ' କିନ୍ତୁ ସେ ଧାରାକୁ ଗ୍ରହଣ କରିନାହିଁ। ବରଂ ଏକ ମାନସିକ ଚିନ୍ତନରେ ଦେହକୁ ସ୍ୱୀକାର କରି ଆହୁରି ଗଭୀରତାକୁ ସ୍ପର୍ଶ କରିଛି। କବି ପରକୀୟାଠାରୁ ସ୍ୱକୀୟା, ଯୌନ ଜାଂଗଳିକତାଠାରୁ ଏକ ଚେତନ ଚିନ୍ତନରେ ପ୍ରେମକୁ କେନ୍ଦ୍ରିଭୂତ କରାଇ ସର୍ବଜନ ଭାବପଣରେ ତାକୁ ଛାଡ଼ି ଦେଇଛନ୍ତି 'ସମୟ ବିଷାଦ ନଈ'ର କବିତାଗୁଡ଼ିକରେ, ଯାହା କାଳଠାରୁ ବହୁ ଊର୍ଦ୍ଧ୍ୱରେ। ଝୁରି ହେବା ଏଠି ବଡ଼ କଥା ନୁହେଁ, ବଡ଼ କଥା ହେଉଛି କାବ୍ୟ ନାୟକର ଏକ ଅହେତୁକ ଲୋଡ଼ିବାପଣ।

"ବହଳ ନିଦରେ
ମୁଦି ହେଇଆସେ କୋମଳ ଆଖି
ସ୍ନିଗ୍ଧ ଛବି ତୋ' ଯାଉଛି ଦିଶି
ଚମକି ଯାଉଛି ପାରୁନି ଚାହିଁ
ଉତ୍ତରଳ ମୁଁ ସ୍ୱପ୍ନ ପିଇ
ସ୍ୱପ୍ନ ଜାଣେନା ମିଛ କି ସତ
ଆଉଁଶି ଦେଉଛି ରାତିର ହାତ, ମରଣ ପାରେ
ସାଇତି ରଖିବୁ ହୃଦୟ ତଳେ, ଗୌତମୀରେ...... ॥"

ଏଠି ହୃଦୟ କନ୍ଦରରେ ଏକ ନିରୁତା ଖୋଜିବା ଛଡ଼ା କ'ଣ ଅଛି ! ପ୍ରେମରେ ଏହି ଲୋଡ଼ିବାପଣ ହିଁ ଗଭୀରତା ।

'ସମୟ ବିଷାଦ ନଇ'(୧୯୯୦)ରେ ଗୌତମଙ୍କ କାବ୍ୟଭୂମି ଉତ୍ତରିତ ପ୍ରେମ ଚେତନାକୁ ତୋଳି ଧରିଛି । ଚେତନାର ଉତ୍ତରଣରେ ରହିଛି ଏକାତ୍ମ ହେବାର ବିସ୍ତୃତ ମାନସିକତାରେ ପରିପୂର୍ଣ୍ଣ ଭାବ ସମୂହ । କାବ୍ୟ ନାୟିକା ଗୌତମୀର ଚରିତ୍ର କଳ୍ପନାର କଳ୍ପଭୂମି ନୁହେଁ ବରଂ କବିଙ୍କ ଚିନ୍ତନରେ ଆତ୍ମାନୁଭୂତିର ବ୍ରହ୍ମଚର୍ଯ୍ୟକୁ ନିଗାଡ଼ି ବାସ୍ତବ ବିଚରଣ ଭୂମିକୁ ଆପଣେଇ ନେଇ ଜୀବନର ନିଛକ ସତ୍ୟକୁ ଉଦ୍‌ଘୋଷଣା କରିଛି । କେବେକେବେ ଗୌତମୀର ଚରିତ୍ର ମାନବୋତ୍ତର ଭୂମିକାରେ ଅବତୀର୍ଣ୍ଣ ହୋଇଥିଲେ ମଧ୍ୟ କାବ୍ୟ ନାୟିକା ଗୌତମୀ ମାଟିମୋହକୁ ଭୁଲିପାରି ନାହିଁ । ଯେଉଁଥିପାଇଁ କାବ୍ୟ ପୁରୁଷ ଏ ମାଟିରେ ବାରମ୍ବାର ଜନ୍ମ ନେବାକୁ ଆଶାପୋଷଣ କରୁଛି । "ମଣିଷ ଜନ୍ମରେ ପୁଣି / ଏତେ ବ୍ୟଥା ଏତେ ଜ୍ୱାଳା / ସବୁ ଜାଣି ଇଚ୍ଛା ହୁଏ / ଆଉଥରେ ଜନ୍ମିବାକୁ ଏଠି, / ସବୁ ଦୁଃଖ ସବୁ କଷ୍ଟ / ଏକାକାର କରିନେବି ଏ ଦେହେ ତୋ' ପାଇଁ / ଗୌତମୀ ତୁ ! ଥରେ ହେଲେ ଚାଲିଆ'ରେ ମୃତ୍ୟୁ ସୀମା ଡେଇଁ ।" ମାନବୀୟ ପ୍ରେମ ଭିତରେ ଆରୋପ ହୋଇଛି କୃଷ୍ଣତ୍ୱ ଏବଂ ପରିଶେଷରେ ଏକ ନାଟକୀୟ ପୃଷ୍ଠଭୂମିରେ କାବ୍ୟ ନାୟକ ଓ କାବ୍ୟ ନାୟିକା ରଥାରୂଢ଼ ହୋଇ ଅନ୍ତରୀକ୍ଷରେ ବିଲୀନ ହୋଇଯାଉଛନ୍ତି । ଦେହ ଏ କାବ୍ୟ ଚିନ୍ତନରେ ଗୌଣ । ଏଥିରେ ରହିଛି ଅପ୍ରକାଶ୍ୟ ଏବଂ ଅବର୍ଣ୍ଣନୀୟ ଏକ ଅପୂର୍ବ ପୁଲକଭରା ପ୍ରେମର ଅମଳିନ ଚିତ୍ର । ଯାହା କାବ୍ୟ ପୁରୁଷର ନିଜସ୍ୱ ଅଥଚ ସାର୍ବଜନୀନ । ତେଣୁ କାବ୍ୟପୁରୁଷ ସ୍ୱୀକାର କରେ-

"ପ୍ରତିଟି ଅକ୍ଷରେ ତୋ'ର ନୂଆ ନୂଆ ଇତିହାସ
ପ୍ରତିଟି ଶବ୍ଦରେ ତୋ'ର କୋଟିକୋଟି ପୃଥିବୀ ବିଲୀନ
ଶବ୍ଦର ଭାବରେ ପୁଣି ଏତେ ନୂଆ ସ୍ୱପ୍ନ ଥାଏ

ଶବ୍ଦଟିଏ ଏ ବିଶ୍ୱର ନୂଆ ଅଭିଧାନ।
ଗୋଟିଏ ଶବ୍ଦକୁ ନେଇ
ଯଦି ମୁହିଁ ଘୂରୁଥାଏ ଜନ୍ମଜନ୍ମାନ୍ତର
ତଥାପି କେବେ ମୁଁ ତାକୁ ବୁଝିନେବି
ଏ ବିଶ୍ୱାସ ନାହିଁ ତ ମୋହର ।।"

ଗୌତମଙ୍କ କାବ୍ୟପୁରୁଷ ଏଠି ସ୍ୱକୀୟା ପ୍ରୀତିରେ ବିଶ୍ୱସ୍ତ। ସିଏ ସ୍ୱୀକାର କରେ ମାଟି, ପାଣି ଆଉ ପବନ। ସ୍ୱୀକାର କରେ ଜରା, ବ୍ୟାଧି ପୁଣି ଛଳଛଳ ଆବେଗାୟିତ ଜୀବନ। ତେଣୁ କୁହାଯାଇପାରେ ଗୌତମଙ୍କ 'ସମୟ ବିଷାଦ ନଈ'ର ପ୍ରେମପଣ ଏକ କାବ୍ୟିକ ଭାବପ୍ରବଣତା ନୁହେଁ, ବରଂ ଗତାନୁଗତିକ ଧାରାଠାରୁ ଭିନ୍ନ ଅଥଚ ଅତୀବ ବାସ୍ତବ। କାବ୍ୟନାୟକ ସମୟର ପାହାଚରେ ଘଷିମାଜି ନିଜକୁ ଉଜ୍ଜ୍ୱଳ କରିଛି ଓ ଦୈନନ୍ଦିନ ଜୀବନର ହସକାନ୍ଦଭରା ଭାବକୁ ଆପଣେଇ ନେଇଛି। ଈପ୍‌ସିତ ଭାବନା ସବୁ ଏକ ତୁଚ୍ଛା ଭାବାବେଗରେ ଭାସି ନଯାଇ ବରଂ ସ୍ୱୀକାର କରିଛି ଦେହକୁ ଓ ମାଟିକୁ। ଜାବୁଡ଼ି ଧରିଛି ଆମ ସାଂସ୍କୃତିକ ମୂଲ୍ୟବୋଧକୁ। 'ସମୟ ବିଷାଦ ନଈ'ରେ ଗ୍ରଥିତ କବିତାଗୁଡ଼ିକୁ ତନ୍ନତନ୍ନ କରି ଅନୁଶୀଳନ କଲେ ଗୋଟିଏ କଥା ସ୍ପଷ୍ଟ ହୁଏ ଯେ ଦେହ ଦାହ ମଧ୍ୟରେ ଏକ ନିରୁତା ଭଲପାଇବାକୁ ସ୍ୱୀକାର କରୁଛି ଗୌତମଙ୍କ କାବ୍ୟପୁରୁଷ। ଏହା ହିଁ କବି ଗୌତମ ଜେନାଙ୍କ କାବ୍ୟଦିଶାର ଏକ ବଡ଼ ବିଶେଷତ୍ୱ।

୧୯୮୦ ପରବର୍ତ୍ତୀ କାଳଖଣ୍ଡରେ କବି ଗୌତମ ଜେନାଙ୍କ 'ସମୟ ବିଷାଦ ନଈ'ର କବିତାଗୁଡ଼ିକ ପାଠକ ମହଲରେ ବେଶ ଚର୍ଚ୍ଚାର କେନ୍ଦ୍ରବିନ୍ଦୁ ପାଲଟିଛି। ରୀତିମତ 'ଝଙ୍କାର', 'ସମାବେଶ', 'ଆସନ୍ତାକାଲି', 'ନବଲିପି' ଓ 'ସଂଯୋଗ' ସମେତ ବିଭିନ୍ନ ପତ୍ରପତ୍ରିକାରେ ପ୍ରକାଶ ପାଇ ଆସୁଥିବା ଏହି ସଂକଳନର କବିତାଗୁଡ଼ିକର ଗୁଣବତ୍ତା ଓ ଭାବସତ୍ତା କବିଙ୍କୁ ଢେର ପାଠକୀୟ ଶ୍ରଦ୍ଧାଭାଜନ ମଧ୍ୟ କରାଇଛି।

'ସମୟ ବିଷାଦ ନଈ' କବିତାର କବି ଗୌତମ ଜେନା ଆମ ସମୟର ଜଣେ ଆଗଧାଡ଼ିର କବି ହେଲେ ମଧ୍ୟ ସେ ଥାଆନ୍ତି ଆତ୍ମପ୍ରଚାର ଠାରୁ ଦୂରରେ। ଜଣେ ସ୍ୱାଭିମାନୀ ମଣିଷ ସେ। ବର୍ତ୍ତମାନର ତଥାକଥିତ କବି ଓ ପୁରସ୍କାରଠାରୁ ସେ ସବୁବେଳେ ସମଦୂରତ୍ୱ ରକ୍ଷା କରିଥାଆନ୍ତି। ଏପରି ଜଣେ ଯୋଗୀ ସୁଲଭ ମଣିଷ ମୁଁ ଖୁବ୍ କମ୍ ଦେଖିଛି। ଫଳତଃ ଏ ପୁସ୍ତକକୁ ଏକ ବୃହତ୍ତର ପାଠକ ସମାଜ ପାଖରେ ପହଂଚାଇବାକୁ ମୁଁ ପ୍ରୟାସ କରିଛି।

ମୁଁ ସେତେବେଳେ ଉତ୍କଳ ବିଶ୍ୱବିଦ୍ୟାଳୟରେ ଅଧ୍ୟୟନରତ ଓ ଏହି କବିତାଗୁଡ଼ିକ ଦ୍ୱାରା ବେଶ୍ ପ୍ରଭାବିତ। ୧୯୯୦ ମସିହାରେ ଏହା ଗୋକର୍ଣ୍ଣେଶ୍ୱର

ପ୍ରକାଶନୀ ଦ୍ୱାରା ପୁସ୍ତକ ରୂପ ନିଏ ଏବଂ ଆଧୁନିକ ଓଡ଼ିଆ କବିତାରେ କବିଙ୍କୁ ଏକ ସ୍ୱତନ୍ତ୍ର ଆସନରେ ଆସୀନ କରାଏ। ୧୯୯୦ ରୁ ଏଯାବତ୍ ଦୀର୍ଘଦିନ ଧରି କବି ଗୌତମ ଜେନାଙ୍କ 'ସମୟ ବିଷାଦ ନଈ'ର କବିତାଗୁଡ଼ିକ ମୋ' ଚେତନସ୍ତରକୁ ଗୋଟିଏ ପ୍ରକାର ପ୍ରଭାବିତ କରିଆସିଛନ୍ତି। ତାହା ହିଁ ଏ ପୁସ୍ତକ ପରିକଳ୍ପନାର ମୂଳ ସେତୁ।

ଏହିପରି ଏକ କାର୍ଯ୍ୟରେ ସହଯୋଗର ହାତ ବଢ଼ାଇଥିବା କବି ଗୌତମ ଜେନାଙ୍କୁ ସାଧୁବାଦ। ଯେଉଁମାନେ 'ସମୟ ବିଷାଦ ନଈ'କୁ ଅନୁଶୀଳନ କରି ତାଙ୍କର ନିରପେକ୍ଷ ମତ ଓ ମନ୍ତବ୍ୟ ରଖିଛନ୍ତି ସେହି ଗୁଣଗ୍ରାହୀ ସୁସମାଲୋଚକ ଡକ୍ଟର କୃଷ୍ଣଚନ୍ଦ୍ର ବଳ, ପ୍ରଫେସର ପ୍ରମୋଦ କୁମାର ସାମଲ, କଥାକାର ଡକ୍ଟର ସତ୍ୟପ୍ରିୟ ମହାଳିକ, ପ୍ରାଧ୍ୟାପକ ପ୍ରଶାନ୍ତ କୁମାର ବିଶ୍ୱାଳ, ସ୍ୱର୍ଗତ ପ୍ରାଧ୍ୟାପକ ଅଭିମନ୍ୟୁ ରାଉତ ଓ ଡକ୍ଟର ହିମାଦ୍ରୀତନୟା ମିଶ୍ରଙ୍କୁ ମୋର ଆନ୍ତରିକ କୃତଜ୍ଞତା। ଏଭଳି ଏକ କାର୍ଯ୍ୟରେ ମୋର ପ୍ରେରଣାର ଉତ୍ସ ପ୍ରଫେସର ବୈଷ୍ଣବ ଚରଣ ସାମଲ, ପ୍ରଫେସର କୃଷ୍ଣଚନ୍ଦ୍ର ପ୍ରଧାନ, ଡକ୍ଟର ରବୀନ୍ଦ୍ର ବିହାରୀ, ଡକ୍ଟର ବେଣୁଧର ପାଢ଼ୀ ଏବଂ କବି ରମେଶ ପତିଙ୍କୁ ସାଧୁବାଦ। ଆଉ ତମାମ୍ ତମାମ୍ ଶ୍ରଦ୍ଧା **କୃଷ୍ଣା ଡି.ଟି.ପି.**ର ସତ୍ତ୍ୱାଧୀକାରିଣୀ ଶ୍ରଦ୍ଧେୟା କବୀ ପ୍ରେମଲତାଙ୍କୁ ଓ ଏହି ପୁସ୍ତକକୁ ଲୋକଲୋଚନକୁ ଆଣିଥିବା **ଭାରତର ଅଗ୍ରଣୀ** ପ୍ରକାଶନ ସଂସ୍ଥା **ବ୍ଲାକ୍ ଇଗଲ୍ ବୁକ୍ସ**କୁ।

ଆମ କାବ୍ୟ ପରଂପରାରେ ଏକ ନୂଆ ଚିନ୍ତନ 'ସମୟ ବିଷାଦ ନଈ' ଚିହ୍ନରା ପାଠକମାନଙ୍କୁ ନିଶ୍ଚୟ ଛୁଇଁବ ବୋଲି ଆଶା।

ମହେଶ୍ୱର ପାଢ଼ୀ

ସୂଚୀ

ସମୟ ବିଷାଦ ନଈ- ୧୫ ରୁ ୮୨

କଥାକିଂଚିତ:

କ୍ଲାସିକ୍ କାବ୍ୟର ଶାଶ୍ୱତ ଚିନ୍ତନ :
'ସମୟ ବିଷାଦ ନଈ'

ଡକ୍ଟର କୃଷ୍ଣ ବଳ-୮୩

'ସମୟ ବିଷାଦ ନଈ'ରେ
ଗୌତମଙ୍କ କାବ୍ୟ-ମାନସ

ପ୍ରଫେସର ପ୍ରମୋଦ କୁମାର ସାମଲ-୧୦୧

ପ୍ରେମ, ବିଷାଦ ଓ ମୃତ୍ୟୁର ଗଡ଼ଖାଇ :
ଗୌତମ ଜେନାଙ୍କ 'ସମୟ ବିଷାଦ ନଈ'

ଡକ୍ଟର ସତ୍ୟପ୍ରିୟ ମହାଳିକ-୧୧୦

କବି ଗୌତମ ଜେନାଙ୍କ ଚଉଦାଳୀ :
ଏକ ଅନ୍ତର୍ଦୃଷ୍ଟି

ପ୍ରାଧ୍ୟାପକ ପ୍ରଶାନ୍ତ କୁମାର ବିଶ୍ୱାଳ-୧୧୬

'ସମୟ ବିଷାଦ ନଈ'ରେ ବିରହର ବିଶ୍ୱାମିତ୍ର
କବି ଗୌତମ ଜେନା

ପ୍ରାଧ୍ୟାପକ ଅଭିମନ୍ୟୁ ରାଉତ-୧୨୬

'ଚିଠି'- ଚିରନ୍ତନ ଚେତନାର
ଅନ୍ତହୀନ ଅନ୍ୱେଷଣ

ଡକ୍ଟର ହିମାଦ୍ରୀ ତନୟା ମିଶ୍ର-୧୩୩

-ଙ-

ଗୌତମୀକୁ..........

ସ୍ମୃତି ନୁହେଁ, ଭୀତି
ରାତି ନୁହେଁ, କାତି
ଜୀବନ ନୁହେଁ ଏ ଜଡ଼ ଉପାଦାନେ ପଥର ଛାତି,
କାହିଁ ବା କେଉଁଠି
କିଏ ଆଉ ଅଛି
କାହାର ଲୁହରେ କଷଣ ଧୋଇବ ନିଜକୁ ମୂର୍ଚ୍ଛି !!

ରହ ଟିକେ ରାତି
ରହ ଟିକେ ସାଥୀ
ଅଳ୍ପ ନିଦରେ ସଳ୍ପ ନିଶା ମୋ' ଯାଉଚି ହଜି;
କିଏ ସେ ଆସୁଚି
ଥରଥର ପାଦ
ଡରଡର ହାତ ବୁଲେଇ ନେଉଚି
କାହାକୁ ଖୋଜି ? ?

ଏ ନୁହେଁ କି ସେହି ଗୌତମୀ ମୋର
ହୃଦୟରୁ ବଳି ନିବିଡ଼ ବ୍ୟଥା
କେଉଁ ବେଦନାରେ ଲୁହରେ ଭିଜୁଚି
ଥର ଥର ଓଠ କହୁନି କଥା ! !..........

(ଝଙ୍କାର, ସମାବେଶ, ଆସନ୍ତାକାଲି, ନବଲିପି ଓ ସଂଯୋଗର ସଂପାଦକଙ୍କୁ ଏ କବିତା ସଂକଳନ ପ୍ରକାଶ ଅବସରରେ ମୋର କୃତଜ୍ଞତା ଜ୍ଞାପନ କରୁଚି ॥)

(୧)

ବିଲ ଗହୀରର କେଉଁ ପ୍ରାନ୍ତରେ ଜହ୍ନ ଧାରେ
ଜହ୍ନ ଧୂଆ ଏ ପୃଥିବୀ ପରେ
ବସିଛି ମୁଁ ରେ, ଗୌତମୀରେ.......

ଆଦିଗନ୍ତ ମୁଁ ଯୁଆଡ଼େ ଚାହେଁ
ଏଇ ମାଟି ଠାରୁ ଜହ୍ନ ଯାଏ
ଖୋଲି ଦେ' ଲୁହର ଲକ୍ଷ ଝରଣା
ଧୋଇଦେ' ଏ ମୋର ହୃଦୟ ଥରେ, ଗୌତମୀରେ........

ଜହ୍ନ ଥାଇ ବି ଲାଗେ ଅନ୍ଧାର
ନିଶୂନ୍ ନିଃସଂଗ ଏକାକୀ ଭାବ
କେମିତି ଜୀଇବି ନିର୍ଜନତାରେ
ନିଜର ବୋଲି କେ' କାହୁଁ ଆସିବ !
ଦୁଇଟି ଦେହର ବ୍ୟବଧାନ ଯେତେ
ଭୁଲିଯାଆ ସବୁ ଗୌତମୀରେ
ନିର୍ବାସନରୁ ନିବୃତ୍ତ କରି
ଭୁଲେଇ ଦେ' ମୋର ନୀଳାଭ ବେଦନା
ଦୁର୍ଦ୍ଦିନ ସବୁ ଗୌତମୀରେ.......

ଗଡ଼ିଲାଣି ଏବେ ପ୍ରଥମ ପ୍ରହର
ଘୁମେଇଁ ଗଲାଣି ସାରା ଗାଁ' ଗଣ୍ଡା, ପଡ଼ିଆ ହାଟ
ଘୁମେଇ ଗଲାଣି ଗଛଲତା ସବୁ
ସାମ୍ନାରେ ମୋର ପଥରଗଦାର ଛୋଟ ପାହାଡ଼
ବସିଛି ଏଇଠି ବାଲିବନ୍ତ ବୁକେ
ଚୁପ୍‌ଚାପ୍‌ ଏଠି ବସିଛି ଚାହିଁ
କେଉଁ ଅଦୂରରେ ଖସ୍‌ଖସ୍‌ ହେଲେ
ପତ୍ର ଝଡ଼ିଲେ ଦିଏ ଅନାଇଁ
କେହିତ ନାହିଁ
ମନ ମୋର ହେଲେ ବୁଝୁଚି କାହିଁ
ଆଖି ଆଗେ ଖାଲି ଝୁଲିଲା ଛାଇ
କେହି ତ ନାହିଁ, ଗୌତମୀରେ.........

ଏତେ ମନେପଡୁ
ଏଇ ସମୟରେ କେମିତି କହ
ଶୂନ୍ୟ ଆକାଶେ ବହଳ କୁହୁଡ଼ି
ବାଷ୍ପୀଭୂତ ଏ ତୋହରି ଲୁହ
ବୁଡ଼େଇ ଯେମିତି ବହି ଯାଉଅଛି ବହୁତ ଦୂରେ
ପଛକୁ ଚାହିଁଲେ ଦୁଃଖ ଭରେ
ଶୂନ୍ୟ କୋଳେଇ ବିଳାପ କରେ, ଗୌତମୀରେ.........

ବହଳ ନିଦରେ
ମୁଦି ହୋଇ ଆସେ କୋମଳ ଆଖି
ସ୍ନିଗ୍ଧ ଛବି ତୋ' ଯାଉଛି ଦିଶି,
ଚମକି ଯାଉଚି ପାରୁନି ଚାହିଁ
ଉତ୍ତରଳ ମୁଁ ସ୍ୱପ୍ନ ପିଇ
ସ୍ୱପ୍ନ ଜାଣେନା ମିଛ କି ସତ
ଆଉଁଶି ଦେଉଚି ରାତିର ହାତ, ମରଣ ପାରେ
ସାଇତି ରଖିବୁ ହୃଦୟ ତଳେ, ଗୌତମୀରେ....

କେମିତି ପାରିବି
ମୋତେ ଅଟକାଇ ଜାଣେନା ମୁହିଁ
ନିଜର ଆୟତ୍ତେ ନିଜେ ମୁଁ ନାହିଁ,
କେଉଁଠୁ ପାଇଲେ ତୋହରି ଠିକଣା
ଚିଠିଟିଏ ଲେଖି ଯାଆନ୍ତି ଦେଇ
'ପ୍ରେମାସ୍ପଦା ! ମୋତେ ଭୁଲିବୁ ନାଇଁ'
ଥରେ ଯିଏ ଯାଏ ଆଉ କି ଫେରେ
ଚିଠିର ଅକ୍ଷର ଚିଠିରେ ମରେ, ଗୌତମୀରେ.......

(୨)

ଗୌତମୀର ଚିଠି ଏଠି ଏଣେ ତେଣେ
ପବନ ସିଆରେ
ଗୌତମୀର ଚିଠି ଏଠି ଏଣେ ତେଣେ
ଆଲୋକରେ ଝଲୁଅଛି
ଦୃଶ୍ୟମୟ ହୋଇଯାଏ ଅନ୍ଧାରର ପାତଳ ପର୍ଦ୍ଦାରେ,
ଭାଷା ତା'ର ନିରିମାଖୀ-
ଲୁହ ଢଳଢଳ ଆଖି ପରି
ଚଉଭାଗଁ ସାଦା କାଗଜରେ ॥

ବିଲରେ ବିହନ ପରି
ଏ ଚିଠିରେ କେ' ଦେଇଚି ବିଞ୍ଚି ଅକ୍ଷରକୁ
ବତାସରେ ପତ୍ର ପରି
ଉଡ଼ାଇ ଆଣିଚି କିଏ ଏ ଚିଠିର ପ୍ରତିଟି ଶବ୍ଦକୁ !
ପ୍ରତିଟି ଶବ୍ଦ ତ ମୋତେ ନୂଆ ଲାଗେ
ଯେମିତିକା ଆଉ କେଉଁ ଦେଶ ଲୋକ
ମୋତେ କିଛି ପଚାରୁଛି ଅବୁଝା ଭାଷାରେ,
ପ୍ରତିଟି ଶବ୍ଦ ତ ମୋତେ ନୂଆ ଲାଗେ
ବିଞ୍ଚଣା ନଥିଲା ପରି ଝାଞ୍ଜି ଖରାବେଳେ ॥

ଗୌତମୀର ଚିଠି ଏଠି ଏଣେ ତେଣେ
ମୋ' ଦେହର ଭିତରେ ବାହାରେ,
ଶବ୍ଦ ସବୁ ବେଳେବେଳେ
ମୋ' ଦେହର ଚାରିପିଟି ଜାଲବୁଣେ
ଅଜାଣତେ ମୂର୍ତ୍ତିଟିଏ ହୋଇ ନାଚକରେ ।
କେତେବେଳେ ହୃଦୟରେ ଶବ୍ଦଙ୍କର ପ୍ରତିଧ୍ୱନି
କେତେବେଳେ ମିଶିଯାଏ ରକ୍ତ ପ୍ରବାହରେ ॥

ବାହାରେ ନିଶୂନ ଖରା ଦିନ ବାରଟାର
ସମୟ ନାହିଁ ମୋ' ଆଉ ବୁଝିବାକୁ
ଉଲ୍ଲସିତ ରହସ୍ୟ ଭାବର।
ଆଉଟା ଲୁହାର ଖଣ୍ଡ ତରଳୁଚି
ପାଣି ପରି ବହୁଅଛି ନିର୍ଦ୍ଦିଷ୍ଟ ବାଟରେ
ବେଳେବେଳେ ବାଟ ଘାଟ ଆଉ କିଛି ନାହିଁ
ଉଚ୍ଛୁଳା ନଈର ସୁଅ
ବନ୍ଧସାରା ଘାଇ କରି ଯାଉଥାଏ ବହି ॥

ପ୍ରତିଟି ଶବ୍ଦ ତ ମୋତେ
ଗୋଟିଏ କଥାରୁ ପୁଣି ନେଇଯାଏ
ଆଉ ଏକ କଥାର ପାଖକୁ,
ଗୋଟିଏ ସ୍ୱପ୍ନରୁ ମୋତେ
ଆଉଥରେ ଚେଇଁଦିଏ
ନେଇଯାଏ ଆଉ ଏକ ସ୍ୱପ୍ନ ବିବରକୁ।
ପ୍ରତିଟି ଶବ୍ଦରୁ ଝରେ ଥୋପା ଥୋପା ଲୁହ
ଗୌତମୀ ତୁ.......
କେମିତି ଲେଖିଲୁ ଚିଠି
ଅନନ୍ତର କ୍ରମିକ ପ୍ରବାହ ॥

ପ୍ରତିଟି ଅକ୍ଷରେ ତୋ'ର ନୂଆ ନୂଆ ଇତିହାସ
ପ୍ରତିଟି ଶବ୍ଦରେ ତୋ'ର କୋଟି କୋଟି ପୃଥିବୀ ବିଲୀନ
ଶବ୍ଦର ଭାବରେ ପୁଣି ଏତେ ନୂଆ ସ୍ୱପ୍ନ ଥାଏ
ଶବ୍ଦଟିଏ ଏ ବିଶ୍ୱର ନୂଆ ଅଭିଧାନ ॥

ଗୋଟିଏ ଶବ୍ଦକୁ ନେଇ
ଯଦି ମୁହିଁ ଘୂରୁଥାଏ ଜନ୍ମଜନ୍ମାନ୍ତର
ତଥାପି କେବେ ମୁଁ ତାକୁ ବୁଝିନେବି
ଏ ବିଶ୍ୱାସ ନାହିଁ ତ ମୋହର ॥

(୩)

ତୋ' ପାଇଁ ଗୌତମୀ ଆଜି
ଅନାହାର ଘୋର ବିଭୀଷିକା
ଖରାର ତତଲା ସୁଅ ବହିଯାଏ ଜାଳି ଜାଳି
ସହରୁ ବନସ୍ତ
ସକାଳ ସକାଳ ନୁହେଁ
ରାତି ଯାଏ ଲମ୍ବା ରାତି ହୋଇ
ଭାଙ୍ଗିଯାଏ ଏ ଦେହର ସୁଠାମ ଗଢ଼ଣ
ପୋରିଆ କାଠକୁ ଘୂଣ ଯାଉଥାଏ ଖାଇ ॥

ଏ ଘୋର ବିପତ୍ତି ବେଳ, ଆ, ଗୌତମୀ
ପାଦ ତୋ'ର ଥାପିଦେ' ଏ ବସୁଧା ଛାତିରେ
ଅଫଳା ଜମିରେ ଖେଳୁ ତୋ' ହସର
ଚାରୁଚନ୍ଦ୍ର ଝରଣାର ସୁଅ

ପ୍ରମତ୍ତ ପାଗଳ ପରି ସମୟର ଏ କୂଳରୁ
ସେ କୂଳକୁ ଲଂଘିଯିବା ନିମିଷକ ମାତ୍ର
ମୃତ୍ୟୁ ପରି ଅନ୍ତରଙ୍ଗ ବନ୍ଧୁଟିଏ ଫାଙ୍କି ଦେବା
ଏ ନୁହେଁ ବିଚିତ୍ର ॥

ଧୂଳି ଭର୍ତ୍ତି ଏ ରାସ୍ତାରେ
ଥାପିଦେ' ତୋ' ପାଦର ପାହୁଲ
ଏ ଦେହରୁ ହାଡ଼ର ଅଂଗାର ନେଇ
ଛାତିରେ ମୋ' ଲେଖିଦେ' ତୋ' ଶେଷ ସମ୍ବୋଧନ
ଆସିବ ଘର୍ଘର ଶବ୍ଦେ
ଘନଘୋର ବରଷାର କାଳ
ନିମିଷକେ ଧୋଇଦେବ ସ୍ମୃତି ସବୁ
ହଜିଯିବ ଇହ-ପରକାଳ ॥

ପାଗଳ ମୁଁ ଏକୁଟିଆ ଏ ପୃଥ୍ୱୀରେ
ମୁଁ ବଞ୍ଚିଛି ସମୟର ଅବର୍ତ୍ତମାନରେ
ଜାଗତିକ ଭୌତିକର ପ୍ରହେଳିକା ଛୁଏଁ ନାହିଁ ମୋତେ
ବଞ୍ଚିଛି ମୁଁ ଏକୁଟିଆ
ଏକୁଟିଆ ବଞ୍ଚିବାର ଆତ୍ମବିଶ୍ୱାସରେ
ଯଦି କେବେ ହାରିଯାଏ
ଜିତିବାର ମୂଲ୍ୟବୋଧ ମିଛ ପୃଥିବୀରେ ॥

ପୃଥିବୀର ସବୁ ଯଦି ମିଛ ହୁଏ
ଗୌତମୀ ତୁ ଏକମାତ୍ର ସତ୍ୟ,
ଏପରିକି ତୁ ନିଜେ ତ ହୋଇଯାଉ ବର୍ତ୍ତୁଳ ପୃଥିବୀ
ତୋ' ଦେହ ବିଶାଳତାରେ କାହିଁବା ମୋ' ସ୍ଥିତି
ପୃଥିବୀର ମାନଚିତ୍ରେ ଆମ ଗାଁ' ପାଇବି କେମିତି !!

ଥରେ ମୋତେ ଦେଖିନେ'ରେ !
କେମିତି ନିଜକୁ ହତ୍ୟା କରୁଚି ମୁଁ ମାଦକ ନିଶାରେ
ଜଳିଯାଏ କେମିତି ମୁଁ ନିଆଁଧରା ସିଗାରେଟ ହୋଇ
ପଥର ପାଲଟିଯାଏ
ମୋର ବା ହସକାନ୍ଦ କାହିଁ !
ଦୁଃଖରେ ଯେମିତି ଥାଏ
ହସିଦେଲେ ତା'ଠାରୁ ମୁଁ ଅଧିକ ଯେମିତି
ମୋ' ପରି ପାଗଳଙ୍କର
ବଞ୍ଚିବାର ବାଟ କ'ଣ ଠିକ୍ ଏଇମିତି ! !

ଯେତେ ସ୍ୱପ୍ନ ଯେତେ ଦୁଃଖ
ଭାଙ୍ଗିଗଲେ ମଣିଷର
କେବେ କ'ଣ ହୁଏ ସ୍ୱପ୍ନ ଭଂଗ !
ଯେତେ ଦିନ ସରିଗଲେ
ଯେତେ ରାତି ପାହିଗଲେ
ସରିଯାଏ କେବେ କ'ଣ ଦିନ ଆଉ ରାତି !

କେତେ ଜନ୍ମ କେତେ ମୃତ୍ୟୁ ପରେ ଆଉ
ଜନ୍ମ ହେଲେ ଏଇ ପୃଥିବୀରେ
ତୋ' ନିମିଷ ଦେଖାମାତ୍ରେ
ପାଇଯିବି ନିର୍ବାଣ ମୁଁ ପର ମୁହୂର୍ତ୍ତରେ !!

ମଣିଷ ଜନ୍ମରେ ପୁଣି
ଏତେ ବ୍ୟଥା ଏତେ ଜ୍ୱାଳା
ସବୁ ଜାଣି ଇଚ୍ଛା ହୁଏ
ଆଉଥରେ ଜନ୍ମିବାକୁ ଏଠି,
ସବୁ ଦୁଃଖ ସବୁ କଷ୍ଟ
ଏକାକାର କରିନେବି ଏ ଦେହେ ତୋ' ପାଇଁ
ଗୌତମୀ ତୁ ! ଥରେ ହେଲେ ଚାଲିଆ'ରେ ମୃତ୍ୟୁ ସୀମା ଡେଇଁ ॥

(୪)

ଅନନ୍ତ କାରୁଣ୍ୟ ଭରା ଯେତେ କ୍ଲାନ୍ତି
ଦୁଶ୍ଚିନ୍ତା ଓ ଶୂନ୍ୟଭାବ ନେଇ ଏକାକାର
କେତେବେଳେ ଖରାବେଳ
ଅସମୟ ସଂଜ ଓ ସକାଳ,
ତମାମ ରାତି ବି କେବେ ଘନ ଘୋର, ନିସଂଗ ପ୍ରହର
ବାଟଭୁଲି ବୁଲୁଚି ମୁଁ ଏଣେ ତେଣେ
ଅସହାୟ ନିଃସ୍ୱ ସୌଦାଗର ॥

ଦେହକୁ ନଜର ନାହିଁ
ଅଯତ୍ନରେ ଘରଦ୍ୱାର, ବାରି ଓ ବଗିଚା
କେଉଁ କାମେ ମନ ନାହିଁ
ଯେତେକ ନିଜର ମୋର ଶତ୍ରୁ ପରି
ସମୟ ମୋ' ଭାରି ଏକା ଏକା ॥

ବିରାଟ ପୃଥିବୀ ଇଏ
ଇଛା ମୁତାବକ ମୋର ନାହିଁ ଟିକେ ଭୂମି
କେମିତି ବଞ୍ଚିବି ଏଠି ଶୂନ୍ୟ ମୋତେ ଦଶ ଦିଗ
ଭାରି ଭାରି ବୋଝ ପରି ସବୁକଥା ଲାଗୁଛି ଗୌତମୀ ॥

ଦିନର ଆଲୋକ ଯେତେ ଯାହା ସବୁ ସ୍ପର୍ଶ କରି
ପୃଥିବୀକୁ ଚିହ୍ନା ଜଣା ପରିଚିତ କରେ
କାଲିର ଦେଖିବା ମୁହଁ, କୋଠାବାଡ଼ି ପ୍ରିୟଜନ
ସବୁ ମୋତେ ନୂଆ ଲାଗେ
କାହା ସଂଗେ କଥାପଦେ କହିବାକୁ ଡରେ ॥

ପ୍ରତିଟି ରାତି ତ ଏଠି ଭୟାନକ ଲାଗୁଥାଏ ମୋତେ
ନିଦ ତ ଦୂରର କଥା, ଶୂନ୍‌ଶାନ୍ ଅନ୍ଧାରରେ
ଚୁପ୍‌ଚାପ୍ ଅସହଜ ଅଭିଶପ୍ତ ରାତିଟିଏ ବିତେ ॥

ଏମିତି ବଂଚିବା ମୋର
କେତେବେଳେ ଲୁହଝରେ ସ୍ୱପ୍ନହୀନ ବିଷାଦରେ
ଅନ୍ଧକାର ଗାଢ଼ ହୁଏ ଲୁହ ଜମି ଜମି
ନିଷ୍ଠୁର ମୁଁ ନିଜ ପାଇଁ,
ମୃତ୍ୟୁହୀନ ମୃତ୍ୟୁ ମୁଁ, ଗୌତମୀ ॥

କେମିତି କେବେ ବା ଥରେ
ନିଦ ମୋତେ ଟାଣି ନିଏ ଯଦି
ଉଦ୍‌ଭାସିତ ହୋଇଉଠେ ଯୋଜନ ଯୋଜନ ଦୂରେ
କାହାର ସେ ଅତିନ୍ଦ୍ରିୟ ଛବି !
ନିକଟୁ ନିକଟ ହୋଇ ଅତି କଷ୍ଟେ ଚିହ୍ନିବା ପୂର୍ବରୁ
ଘମାଘୋଟ ବିସ୍ତରଇ ଚାରିଆଡ଼େ ଅନ୍ଧାରର ଛାଇ
ନିର୍ବାକ ମୁଁ ସ୍ଥାଣୁ ପରି ଉଜ୍ଜ୍ୱଳ ଆଲୋକେ ମୋର
ଦୃଷ୍ଟିଶକ୍ତି ଯାଏ ଲୋପ ହୋଇ
ମୋ' ପାଇଁ ବିଧାତା କେତେ କ୍ରୂର ହୁଏ, ଦଣ୍ଡୁଥାଏ
ତା' ଦୁଃଖର ପ୍ରତିଶୋଧ ପାଇଁ !!!

ନିଦର କବର ତଳେ ଲୁହ ନୁହେଁ ଲହୁ ଝାରି
ନିରୁଦ୍ଦିଷ୍ଟ ହେଉଛି ମୁଁ ଚିହ୍ନାଜଣା ମୃତ୍ୟୁପରି
ଅଥଚ ବେନାମୀ
କି ପାପର ପ୍ରପଞ୍ଚ ଭାଗ୍ୟ ଏ ମୋର
ଦଗ୍ଧ କରେ ମୋ' ଭିତରେ, ଉଦାସୀ ଗୌତମୀ ॥

ଆଉ କେବେ ସ୍ୱପ୍ନରେ ମୁଁ ଦେଖୁଥାଏ
ତୋ' ଚିଠିର ଲାବଣ୍ୟ ଅକ୍ଷର
ହାତ ପାଆନ୍ତାରୁ ଦୂର ମୋ' ସାମ୍ରାଜ୍ୟ ବହିର୍ଭୂତ
ବିଡ଼ମ୍ବିତ ନିଜ ଅଧିକାର ।
ଆମରଣ ଚେଷ୍ଟାକରି ପହଞ୍ଚ ମୁଁ
ତୋ' ଚିଠିର ଦୂରଗାମୀ ମୋହେ
ନିର୍ଦ୍ଧୟ କାହାର ସ୍ପର୍ଶ, କାହାର ସେ ମାୟାବୀ ମୁହୂର୍ତ୍ତ
ବୁଝିବାର ଜ୍ଞାନ ମୋର ମୋ' ଭିତରୁ କାଢ଼ିନେଇଯାଏ ॥

ସେ ଚିଠିର ଅକ୍ଷର ମୁଁ ଦାରୁଣ ଦୁଃଖରେ ଛୁଏଁ
ଶବ୍ଦଟିଏ ପାରେ ନାହିଁ ଚିହ୍ନି
ଏମିତି ତ ସବୁରାତି ନିୟମିତ ବିତୁଥାଏ
ଆଜିକାଲି ଏ ଜୀବନ ପ୍ରାଣହୀନ ଶ୍ମଶାନ, ଗୌତମୀ ॥

(୫)

କେମିତି ସନ୍ଦେହ ନେଇ
ପରିଚିତ ଲୋକମାନେ ଆକଟନ୍ତି
ପଥର ପାଚେରୀ ପରି ସାମ୍ନାରେ ରହନ୍ତି
ମୃତ ଗୁଞ୍ଜରଣ ଏକ ବ୍ୟାପିଯାଏ
ଡେଇଁଡେଇଁ ଗହଗହ ଲୋକଭିଡ଼, ସମୁଦ୍ର, ଅରଣ୍ୟ
ପ୍ରତିଦିଗ, ସଜୀବ ନିର୍ଜୀବ
ଗ୍ରହ ଉପଗ୍ରହ ପାରେ, ଶେଷେ ତ୍ରିଭୁବନ
ତୁ ମୋତେ ପାଉଚୁ ଭଲ
ଆକାଶର ନୀଳ ପରି, ଜନ୍ମ ଆଉ ମୃତ୍ୟୁ ପରି
ଘଞ୍ଚ ଅନ୍ଧକାର ପରି
ମନ୍ତ୍ରବତ୍, ନିଜଠାରୁ, ଈଶ୍ୱରଙ୍କ ଠାରୁ,
ଆଉ ମୁଁ ବି ସେମିତି
ଏ ଜୀବନ ଚିରକାଳ ପ୍ରୀତିର ପ୍ରତୀତି ॥

ଅଥଚ ବି କେହି କେବେ ବୁଝନ୍ତିନି
ସାଂସାରିକ ପାପ, ମାୟା, ସନ୍ଦେହରେ
ଦୁଃଖ ପାଇ ପଞ୍ଚଭୂତ ଦେହ ନେଇ ଯେଉଁମାନେ
ନାନା କଥା ଗୋପନରେ କହି ବୁଲୁଥାନ୍ତି,
ପ୍ରେମର ମମତା କେତେ
କେତେ ପ୍ରେମ ଥାଇପାରେ ବେଦନା ଅଶ୍ରୁରେ
ସ୍ମୃତିର ଯନ୍ତ୍ରଣା କେତେ
କେତେ ଲୋଭନୀୟ ପୁଣି ଯନ୍ତ୍ରଣାକ୍ତ ସ୍ମୃତି
ତୋ' ବିନା ପାରିବେନି କହି କେହି
ଶ୍ମଶାନର ଜୁଇ ତାତି ଭରିଦିଏ କେମିତି ପ୍ରଶାନ୍ତି ॥

ଗୋପନୀୟ, ଅଜଣା ବା ଲୁଚାଛପା ଆଉ କିଛି ନାହିଁ
ଅତିପ୍ରିୟ କିଛି ବସ୍ତୁ ପରସ୍ପର ହରାଇଛେ
ପାଇଛେ ବି କିଛି ନୂଆ
ସ୍ମୃତିଧୂଆ ଆଲୁଅରେ ଜୀବନର ଗୀତ ଗାଇ ଗାଇ ।

ସବୁବେଳେ ଏକୁଟିଆ ମୋତେ ଭାରି ଭଲ ଲାଗେ
ଭାବିବାକୁ କଥା ତୋ'ର
ଦେଇଥିବା ସବୁ ସ୍ମୃତି
ଗୋପନରେ ଲୁହ ଝାରି ଝାରି,
ତୁ ଆସୁଛୁ ସେତେବେଳେ
ନିଃଶବ୍ଦରେ ଛାଇପରି, ଚୁପ୍‌ଚାପ୍ ପାଦ ପାରି
ତାରା ପରି ଝଲଝଲ ସରଳ ଆଖିରେ ମୋତେ
'ଆଜି ତମେ ବେଶୀ ଡେରି'
ଅଭିମାନେ ଦେଉଛୁ ପଚାରି,
ସବୁ କିନ୍ତୁ ଅନ୍ତହୀନ ଅଜଣାରେ
ହୋଇଯାଏ ପ୍ରେମପରି ଜନ୍ମ ମୃତ୍ୟୁ ଏକାକାର କରି ॥

ହଜିଗଲା ଦିନମାନେ ଦୀପ୍ତିମାନ ହୁଏ ଜଳି
ଛନଛନ ଦିଶିଯାଏ ପ୍ରତିଶ୍ରୁତି ଦୃଢ଼ ହୁଏ
ସବୁ ଦୁଃଖ ଭୟ ସତ୍ତ୍ୱେ ପ୍ରତ୍ୟେକ ପ୍ରତ୍ୟୟ,
ଯେ ମୁହୂର୍ତ୍ତେ ତୋ ପାଖରୁ ଦୂରେ ଥାଏ
ମୋ' ଭିତରେ ତୋ' ପାଦର ରୁଣୁଝୁଣୁ ଶବ୍ଦ ଶୁଭେ
ଏକାନ୍ତ ଆତ୍ମୀୟ ତୁ ମୋ' ପାଖେ ଥିଲା ପରି ଲାଗେ
ନିଶ୍ଚିନ୍ତରେ କି ମାୟାର ଆକର୍ଷଣେ ସ୍ୱପ୍ନ ପରି ଦୃଶ୍ୟ ସବୁ
ମୋ' ଆଖିରେ ଭାସିଯାଏ
ଭୁଲେଇ ମୋ' ନିଜ ପରିଚୟ !!

ଯେଉଁଠି ବି ତୁ ରହିଥା'
ଦୃଶ୍ୟ ବା ଅଦୃଶ୍ୟ ହୋଇ
ଶବ୍ଦ ବା ମୂର୍ଚ୍ଛନା ହୋଇ
ଏ ସୃଷ୍ଟିର ମାନଚିତ୍ରେ ଅପେକ୍ଷାରେ ରହି
ତୋତେ ଆଜି ଖୋଜି ଯିବି
ସ୍ୱପ୍ନର ଆକାଶ ଡେଇଁ
ଲୁହର ସମୁଦ୍ର ଡେଇଁ
ଆତ୍ମଜ୍ଞାନେ ସବୁ ଶାସ୍ତ୍ର, ସବୁ କାବ୍ୟ
ଖେଳେଇ ଖେଳେଇ ।

ସବୁ ଯଶ, ଅପଯଶ, ଲଜ୍ଜା, ଭୟ, ମିଛକଥା
ମୋତେ କିଏ ଚିହ୍ନେ ଜାଣେ
ତୋ' ପାପର କାରାଗାରେ ବନ୍ଦୀ ହୋଇଅଛି
ତୋ' ସ୍ନେହର ସହାନୁଭୂତିରେ ମୋର
ଜୀବନ ମୂର୍ଚ୍ଛିଛି ॥

ମହାକାଳ ବିଷାଦର ନଈ ହୋଇ
ଘୂରାଉଛି ମୋତେ ତା'ର ଜଳ ଭଉଁରୀରେ
ଅବରୁଦ୍ଧ ଶୂନ୍ୟତାରେ ପରିତ୍ୟକ୍ତ ଯେମିତି ମୁଁ ଶ୍ୱାସରୁଦ୍ଧ
ଲିଭିଯାଏ ସମୟର ମହାପ୍ଳାବନରେ ॥

ସବୁପରେ ମୋ' ସାମ୍ରାଜ୍ୟ ବିଧ୍ୱଂସିତ ପାଉଁଶରେ
ଝରଝର ଝରିଯାଏ ପ୍ରୀତିର ଝରଣା
ଯେତେ ଯାହା ଅବୋଧ ଓ ଦରବୁଝା
ନୀରବ ଗୀତର ସଂଗେ କରେ ବୁଝାମଣା ।
ସବୁ ମୋର ମୃତ୍ୟୁ ମିଶି ମୋ' ଦେହକୁ ବୋହି ନେବାବେଳେ
ଦୁଃଖ ନାହିଁ ସେଥିପାଇଁ, ଅଦୂରର ଦୃଶ୍ୟ ପରି ଭାସି ଆସେ
ଆରପଟୁ ବଉଦର ମାଳ ପରି ହସ,
ମରିଥିବା ମୋ' ଦେହର ପ୍ରତି ଅଂଗ ସେ ସ୍ୱରରେ
ତୋ' ଭଲ ପାଇବା ପରି
ବାରମ୍ବାର ପାଏ ଜୀବନ୍ୟାସ ।

(୬)

ସବୁ ମୋତେ ମାୟା ପରି ଲାଗୁଅଛି
ଇନ୍ଦ୍ରଜାଲ ଦେଖୁଛି ଯେମିତି
କେତେବେଳେ ହସୁଛି ମୁଁ
କେତେବେଳେ ଛଳଛଳ ଆଖି।
ସବୁ ମୁଁ ଦେଖୁଛି ବସି
ପରକ୍ଷଣେ ବିସ୍ମରି ଯାଉଛି
ମୁହୂର୍ତ୍ତେ ପାଉଛି ଯେତେ
ଆନବେଳେ ହଜେଇ ଦେଉଛି।
ନିଜେ ମୁଁ ନାୟକ ହୋଇ
ଅଗ୍ନାଅଗ୍ନି ବନସ୍ତେ ଘୂରୁଛି
ପତ୍ରଟିଏ ପଡ଼ିଗଲେ ବଜ୍ରପରି ମୋତେ ଶୁଭୁଅଛି।
ଛାତିରେ ଛାତିଏ ଭୟ
ପାରେ ନାହିଁ ମୋତେ ଅଟକାଇ
ମୃତ୍ୟୁକୁ ମୁଁ ମୋ' ଭିତରୁ ଦେଇଛି ହଜେଇ ॥

ପ୍ରତ୍ୟେକ ଅନ୍ଧାର ଖୋଜି ବୁଲୁଚି ମୁଁ ଦିଗହରା ପକ୍ଷୀ ପରି
କିଛି ମୁଁ ପାରୁନି ବୁଝି କୌତୁକରେ କେତେ ଦୁଃଖ
ଏ ବଂଚିବା ଚିରକାଳ ଅପେକ୍ଷାରେ ଖାଲି ଲୁହ ଝାରି।
ଅଭିଶପ୍ତ ଗୌତମୀ ମୁଁ!
ଆସି ପୁଣି ଫେରିଯାଉ ସ୍ୱର୍ଗଚ୍ୟୁତ ପରୀ!!

କେଉଁପରି ବଂଚିଥିଲି
କେଉଁମିତି ଥିଲା ମୋର ଜୀବନ ପ୍ରଣାଳୀ
ପ୍ରତ୍ୟେକ ମାଦକ ନିଶା ଭିତରେ ମୁଁ ଯାଉଥିଲି ଖାଲି ଜଳିଜଳି
ନିଃସଂଗ ଜୀବନ ଥିଲା
ସବୁଥିଲା ଆଶାହୀନ ଅଗମ୍ୟ ଦୁସ୍ତର
ଏପରି ଦୋଦୁଲ୍ୟମାନ ସୂତାଖିଏ ଝୁଲୁଥିବା ଜୀବନକୁ
କେଉଁ ତିଥି କେଉଁ ବାର ମନେନାହିଁ
ବିଚିତ୍ର ରଂଗରେ ଆସି ଚିତ୍ରିତ କରିଲୁ
ଏ ଆଖିର ଶୁଖିଲା ଲୁହରେ କେତେ ପ୍ରତିଶ୍ରୁତି ଲେଖି
ମନୋହର ଇନ୍ଦ୍ରଧନୁ ଚିତ୍ର ଆଙ୍କିଦେଲୁ।

ସବୁମୋର ଦୁଃଖ ନେଲୁ
ଗୋପନରେ ଆପଣା ଲୁହରେ ଭିଜି
ଯେତେବେଳେ ତୋ' ସ୍ୱପ୍ନରେ
ମୁଁ ହୋଇଛି ମୁଗ୍ଧ ସ୍ୱପ୍ନଚାରୀ
ଆଉ କେଉଁ ଅଭିମାନେ ସବୁ ସ୍ୱପ୍ନ ଭାଙ୍ଗିଦେଲୁ
ଗୌତମୀ ତୁ! ସ୍ୱର୍ଗଚ୍ୟୁତ ପରୀ!!

କେବେ ବି କିଛି ତ ମୋତେ ମାଗି ନାହୁଁ
କେଉଁଥିରେ ନଥିଲା ବି ଅନିଚ୍ଛା ଆପତ୍ତି
କେବଳ ଗୋଟିଏ କଥା
ସମୟର ପ୍ରବାହରେ ମନେପଡ଼େ
'ମୁଁ ତୁମର ଶେଷ ରଇ, ଚିହ୍ନା ସହଯାତ୍ରୀ।'
ଆମେ ଦୁହେଁ ଅଭିଶପ୍ତ ଏ ଜନ୍ମରେ
ପାଖେ ଥାଇ ରହିଥିବା ଦୂରେଇ ଦୂରେଇ
ହେଲେ ମୁଁ ଅବୁଝା ଏତେ
ମୋତେ କିଏ ପାରିବ ବୁଝେଇ!!

ନିମିଷେ ଶୁଭୁଚି ମୋତେ
ଆମ ଚୁପ୍‌ଚାପ୍ କଥା ଶୂନ୍ୟରେ ପହଁରି
ଦୁଃଖ ମୋତେ ଝୁଣିଝୁଣି ଖାଉଅଛି
ତୋ' ପରି କିଏ ଆଉ ବୁଝିବ କିପରି ?
ମୋର ଖାଲି ମନେପଡ଼େ କେମିତିକା ତୃଷ୍ଣାତୁର
କୁନି କୁନି ଆଖି ତୋ'ର
କଥା କହି ନାଚେ ବର୍ଷା ପରି,
ଅଭିଶପ୍ତ ଗୌତମୀ ମୁଁ!
ମୃତ୍ୟୁ ମୋତେ ନେବା ପାଇଁ ଯାଇଛି ବିସ୍ମରି ॥

ଗୋଟିଏ ମୂହୁର୍ତ୍ତ ପାଇଁ ଆଖିର ଉହାଡ଼େ ଥିଲେ
ଲାଗେ ଯୁଗ ପରି
ମନ ମାରି ବସିଥିଲେ ଲାଗୁଥାଏ ମୁଁ ଯେମିତି
ଏଇ ଯିବି ମରି

ମୃତ୍ୟୁ ମୋତେ ନେଲା ନାହିଁ
ବିଧିର ବିଧାନ ଖାଲି
ଖଞ୍ଜିଥିଲା ଏତେ ଦୁଃଖ ମୋତେ ଭୋଗିବାକୁ
ତୋ' ସ୍ମୃତିରେ ସବୁକୁ ମୁଁ ଅଙ୍ଗୀକାର କରିନେବି
ଅଜଣା ସ୍ୱପ୍ନରେ ହଜି ଆଶାରଖି ଆସନ୍ତା ଜନ୍ମକୁ ॥

ଏ ବିଶ୍ୱାସ ରଖିଚି ମୁଁ ବିଧାତା ହେବନି କେବେ
ଆମ ପାଇଁ ଏମିତି ନିଷ୍ଠୁର
ପ୍ରେମ କେବେ ଭାଙ୍ଗେ ନାହିଁ ଦେହ ପରି
ଏପରିକି ମାନେ ନାହିଁ କାହାର ଆକଟ ଅବା
ନିନ୍ଦା, ତିରସ୍କାର ।
ଏଇ ପ୍ରତିଶ୍ରୁତି ନେଇ ଆବଶ୍ୟକହୀନ ମୋର ଏ ଜୀବନ
ନିଜଠାରୁ ମାଗୁଛି ମେଲାଣି
ଫେରିଯାଇ ଏ ମାଟିରୁ ପରିଚ୍ଛନ୍ନ ଆଲୋକରେ ଭେଟିବି ମୁଁ
ଦିନେ ଯାଇ ଉଦାସୀ ଗୌତମୀ ॥

(୭)

ଏତେ ସ୍ମୃତି, ଏତେ ଭାବ
କେତେବେଳେ ମୋତେ ଟିକେ କରୁନି ନିଜର
ସୁଖ ମୋତେ କେମିତି ରହସ୍ୟ ଲାଗେ
ସ୍ମୃତି ଖାଲି ଜାଳୁଛନ୍ତି
ଖୋଳୁଛନ୍ତି ମୋ' ଲାଗି କବର ।

କାହିଁ ଯେ ମରୁଚି କେଉଁ ଭାଗ୍ୟ ଅଛି
ମୋତେ ନେବ ମୃତ୍ୟୁର ନିକଟ
କ୍ଷଣିକେ ମରିଲେ କ୍ଷଣେ ଜୀଉଅଛି
ଭାଗ୍ୟ ହାତେ ଖେଳଣା ମୁଁ
ଅନିଚ୍ଛାରେ କାହିଁକି ଯେ ଭୋଗେ ଏତେ କଷ୍ଟ ?

କେଉଁ ଜନ୍ମେ ତୋ' ପାଖରେ କି ପାପ ବା କରିଥିଲି
ଏଇ ବୋଧେ ତା'ର ପ୍ରାୟଶ୍ଚିତ
ଗୌତମୀ ମୁଁ ଅସହାୟ କେତେ ଏଠି
ଅସଫଳ ସବୁଦିନ
ଭବିଷ୍ୟତ ବଡ଼ ଅନିଶ୍ଚିତ ॥

ଏ ମାଟିର ଏତେ ମୋହ
ସବୁକଥା ସବୁ କାମେ ସମସ୍ତଙ୍କୁ କରେ ସ୍ୱାର୍ଥପର
ଈର୍ଷା ଏତେ ମଣିଷର
ସବୁଥିରେ ବାଧା ଆଉ ବନ୍ଧନର ଡୋର।
କେହି ବି କେଉଁଠି କେବେ ବୁଝିନାହିଁ
ଆବିଳତା ନାହିଁ କେବେ ଭଲ ପାଇବାରେ
ଏତେକଥା ଦେହବାଦୀ ସାଂସାରିକ ମଣିଷ କି
ପାପର ନରକେ ରହି କେବେ ବୁଝିପାରେ!!

ଅପରାଧ ସବୁ ମୋର, ସହିଥା'ନ୍ତି କେମିତି ବା
ପାଖେ ଥାଇ ଦୂରେ ଥିବା ଦୁଃଖ ଜାଣି ଜାଣି,
ସମୟର ବୋଝ ବୋହି କର୍ମଫଳ ଭୋଗ ପାଇଁ
ଗୌତମୀ ମୁଁ!
ନିଜକୁ ଘୋଷାରି ଖାଲି ବଞ୍ଚିଅଛି କେମିତି କେଜାଣି!!

କେଉଁ ଏକ ଉଦାସ ସମୟ ତଳେ ପ୍ରତିଶ୍ରୁତି ଭରି
ଏକାନ୍ତ ନିବିଡ଼ ହୋଇ
ନୂଆ ଏକ ଜୀବନକୁ ଖୋଜିଥିଲେ
ଅସହାୟ କୃଷ୍ଣ ସାକ୍ଷୀ କରି।
କୃଷ୍ଣ କେବେ ପ୍ରେମିକ ପୁରୁଷ ହୋଇ
ସତ୍ୟ ପରି ନାହିଁ ରହିଥିଲା
କୃଷ୍ଣ କେବେ ଜହ୍ନ ଆଉ ସ୍ମୃତିର ଦଂଶନ ନେଇ
ବିରହରେ ଲୁହ ଝାରିଥିଲା!

ଅଥଚ ସେ ଆମ ପ୍ରେମ, ଭଲ ପାଇବାର ପାଇଁ
ଏକମାତ୍ର ଯୋଗସୂତ୍ର
ଅନ୍ତହୀନ ସ୍ୱପ୍ନଙ୍କର ନିଶୂନ ଖିଆଲ,
ଈପ୍‌ସିତ ପଦାର୍ଥ ଯଦି ପାଖେ ଥାଏ
ରହିପାରେ କେବେ ତା'ର ମୂଲ!!

କାନ୍ଦିଲେ ଏଣିକି ଖାଲି କାନ୍ଦୁଥାଏ
ଆଉ କିଛି ନାହିଁ ପ୍ରତିକାର
ଶୂନ୍ୟଲାଗେ ହୃଦୟର ପ୍ରତିଟି କୋଠରି ମୋର
ଭାଙ୍ଗିରୁଜି ସବୁ ନାରଖାର ।
ବୁଝୁଛି ଗୌତମୀ ଏବେ ରାଗ ରୋଷ କେମିତି ଅଳିକ
ପରିଣତି ଯାଏ ଖାଲି ଭାବି ଭାବି ମରିଯିବା ସାର ॥

ପ୍ରିୟବସ୍ତୁ ନିକଟେ ପାଇଲେ ସିନା ଥାଏ ଅଭିମାନ
ଏଣିକି ଦୁଃଖରେ ଖାଲି
ଝୁରିହୋଇ ବତୁରା ଲୁହରେ ଭିଜେ
ମୋ' ପାଇଁ କି ଆଉ ବଡ଼
ଅପଯଶ, ନିନ୍ଦା, ଅପମାନ ! !

କେବେ ମୁଁ ସହିନି ତୋ'ର ଦୁଃଖ ଟିକେ
ଭାବିନାହିଁ ଦେଖିବାକୁ
ତୋ' ଆଖିର ବିନ୍ଦୁଟିଏ ଲୁହ
ସେ ଲାଗି ମୁଁ ବାରମ୍ବାର ଅଭିମାନ କରିଅଛି
ଅଭିଯୋଗେ ପଚାରିଛି ରାଣ ନିୟମରେ
କେଉଁଠି ବା ଊଣା ହେଲା ମୋ' ଦେବାର ସ୍ନେହ ?

ଅଥଚ କେମିତି ନିଜେ ସହେ ନାହିଁ
ଅଟକାଇ ପାରେ ନାହିଁ ଦୁଃଖ ଭାବ ମୋର
ସେ ମୁହୂର୍ତ୍ତେ କେତେ କଷ୍ଟ ଦିଏ ତତେ
ମୁଁ ସତରେ କେମିତି ନିଷ୍ଠୁର !
ଆଜି ସେହି ଅଭିଶାପ ସନ୍ତୁଳିତ କରେ ମୋତେ
ମରୁଚି ମୁଁ ତତେ ଝୁରି ଝୁରି
ମରିବାକୁ ଚାହୁଁଚି ମୁଁ ଅଥଚ ମରୁନି କେବେ
ଗୌତମୀ ! ଏ ଅଭିଶପ୍ତ ପ୍ରାଣ ମୋର
ଦେହ ଛାଡ଼ି ଯାଉନି ବାହାରି ॥

(୮)

ଚାରିଆଡ଼େ ନିଛାଟିଆ
ଜହ୍ନ ଏବେ ନଈକୂଳେ ଆମ୍ବତୋଟାମାଳେ
ହିଲ୍ଲୋଳିତ ପବନରେ ଢେଉସବୁ ଉଛାଟିଆ
ସିରିସିରି ରୂପା ବାଲି ଉଡ଼େ
ଝରଝର ରୂପା ଜହ୍ନ ଝରେ ।
ପ୍ରକୃତିରେ ନୂଆ ସବୁ ମରୀଚିକା ପ୍ରାୟେ ଲାଗୁଥାଇ
ଗୌତମୀରେ କୃଷ୍ଣ ତୋ'ର
ଢଳଢଳ ଲୁହର ଝରଣା ବାହି
ଅସହଣି ବେଦନାରେ ତତେ ଖୋଜୁଥାଇ ॥

କୃଷ୍ଣର ବେଦନା ତଳେ
ଛବିପରି ଅଙ୍କା କେତେ ସ୍ମୃତି ସବୁ
ନିକାଂଚନେ ଭେଟହେବା ଠାରୁ ତତେ ବୋକ ଦେଲାଯାଏ,
କୃଷ୍ଣର ବିଷାଦ ତଳେ
ସୂର୍ଯ୍ୟର ଉତ୍ତାପ ନେଇ ଜଳୁଅଛି
ବିଚ୍ଛେଦର ସୂକ୍ଷ୍ମ ଅଣୁ ମୃତ୍ୟୁଥିବା ଯାଏ,
କେମିତି ମୂର୍ଚ୍ଛିଲୁ ମୋତେ ଗୌତମୀରେ
ପଣ ପରି ପର କରି ନିର୍ବାସନ ଦଣ୍ଡେ ଟାଳିଦେଇ
ଆପଣାର ମୋହକାଟି ଏକା ଏକା ଛାଡ଼ିଗଲୁ
ମୃତ୍ୟୁକି ଛୁଉଁଛି ମୋତେ !
ନିର୍ଜନତା ଖାଉଛି ଜଳେଇ ॥

ତୁ ଗୌତମୀ ରାଧା ମୋର
ଏକମାତ୍ର କୃଷ୍ଣର ପ୍ରେମିକା
ମଣିଷର ଏ ସଂସାର ଜାଣିବାରେ ଅଛି କ'ଣ ?
ଯେଉଁଠି ଚାଲିଛି ଖାଲି ଜୀବନର କିଣା ଆଉ ବିକା !

ମଣିଷ କି ବୁଝେ କେବେ ମହାର୍ଘ ପ୍ରେମର ମୂଲ
ହୃଦୟର ଆଲୋଡ଼ନ, ମନ ଆଉ ମନର ମିଳନ
ଅପବାଦ ସେଥିପାଇଁ ରଟୁଅଛି ପ୍ରତିଦିଗେ
କିଏ ଜାଣେ ରାଧାକୃଷ୍ଣ ପ୍ରେମର ଜ୍ୱଳନ!!

ନୀରବ ନୀରବ ସବୁ, ଚାରିଆଡ଼ ନିଛାଟିଆ
କୁଳୁକୁଳୁ ନଈ ଗାଏ ବିରହର ବିଷାଦ ଗୀତିକା
କୁଞ୍ଜବନ ଶୋକରେ ସ୍ଥବିର ପରି
କୃଷ୍ଣ କରେ କାହାର ପ୍ରତୀକ୍ଷା!
ଗୌତମୀ ତୁ କଥା ଦେଲୁ ଆଖି ମୁଦି ଭାବିଦେଲେ
ଉଭାହେବୁ ତେଜି ସବୁ ମାନ ଅଭିମାନ,
ପ୍ରତିକ୍ଷଣେ ଭେଟୁଚି ମୁଁ ନିଷ୍ଠୁର ଦୁଃଖଙ୍କୁ ମୋର
ଲୁହରେ ଭିଜଇ ଖାଲି ଅବଶିଷ୍ଟ ଦିନ ॥

ଆଉ କେତେ ଦିନ ଅଛି
ଏଇମିତି ବାକି ଜଳିବାକୁ,
ଆଉ କେତେ ଦିନ ଅଛି
ଛାତିରେ ପଥର ରଖି ନିଜକୁ ମୁଁ ଝୁଣି ଖାଇବାକୁ?

ଅବୁଝା କହିଲୁ ମୋତେ
ନିଜେ ବି ତୁ ବୁଝିଲୁନି କିଛି
ବିଷଣ୍ଣ ଶୂନ୍ୟତା ଦେହେ ଅପେକ୍ଷାର
ଶେଷ ବା କେଉଁଠି ? ?

ସମୟର ଦୀର୍ଘତାରେ ଏ ସୀମିତ ଆୟୁଷକୁ ନେଇ
ନିଜ ଠାରୁ ତତେ କେବେ ମୁହୂର୍ତ୍ତେ ଅନ୍ତର କରି
ବଞ୍ଚିଯିବି ଏ ବିଶ୍ୱାସ କାହିଁ ?
ମୁହୂର୍ତ୍ତେ ପାରୁନି ଭୁଲି ମୁହୂର୍ତ୍ତକେ ମରି ପାରୁନାହିଁ
ଏକି ଦହଗଞ୍ଜ ତଳେ ପ୍ରାଣପ୍ରିୟା ଗୌତମୀରେ !
ଅବୁଝା ମାନିନୀ ମୋର
ଚାଲିଗଲୁ ଏକା ଛାଡ଼ିଦେଇ ॥

କାହା ସାଥେ ବୁଲିବି ମୁଁ ବନପ୍ରାନ୍ତ
ଆଲୋକ ଅନ୍ଧାର ଆଉ ପାପ ପୁଣ୍ୟ ସୀମା ସରହଦ
କିଏ ମୋର ଆଜୀବନ ଭାବ ଆଉ ଅଭାବର
ଏକମାତ୍ର ଅଂଶୀଦାର କୋମଳ ଦରଦ !

କିଏ ମୋ' ଆଖିର ଲୁହ ଦେଖି ଆଉ ତରଳିବ
ଯମୁନାର ଜଳ ପରି ଆବେଗରେ ଛଳଛଳ ହୋଇ
ମୋ' ପାଇଁ ବା ଆଉ କିଏ ନିଜକୁ ବିଛେଇ ଦେବ
ବାଟ ହୋଇ ଚାଲିଯିବା ପାଇଁ!!

ବାଟ ବା ଅବାଟ ହୋଇ କିଛି ବି ମୋ' ପାଇଁ ନାହିଁ
ପ୍ରକୃତିରେ ସବୁ ନୂଆ, ମରୀଚିକା ପ୍ରାୟେ ଲାଗୁଥାଇ
ଗୌତମୀରେ କୃଷ୍ଣ ତୋ'ର କାହାକୁ ଖୋଜୁଛି ଆଉ
ଅପଯଶେ ବଂଶୀ ବାଇ ବାଇ!

ବଂଶୀର ନିସ୍ବନ ଆଉ ଉଛନ୍ନ କରୁନି ଆଜି
ବିରହିଣୀ ମନ ଆଉ ସେଇ ବନ ଭୂଇଁ
ମୃତ୍ୟୁର ନାରାଚ କେବେ କରୁଣା କରିବ ମୋତେ
ମୋ' ପ୍ରେମର ଅର୍ଥ ମୋତେ ଦେଇ!!

(୯)

ଶୂନ୍ୟତା ବିସ୍ତରି ଯାଏ
ନିଶବଦ ଗଛ ପତ୍ର, ଆଲୋକ ପବନ
ଅନୁଛ ଅସ୍ପଷ୍ଟ ଶୁଭେ ବଂଶୀ ସ୍ୱନ,
ଯମୁନାର ଉତ୍ତରଳ ଜଳ ।
ଉତ୍ତାପବିହୀନ ସବୁ
ପ୍ରାଣହୀନ ସୃଷ୍ଟିର ଜୀବନ
ଯାହା ଯେଉଁଠାରେ ସବୁ ଯେମିତି ସେମିତି ସ୍ଥିତି
ସବୁଲାଗେ ଜୀବନ୍ତ ମରଣ ।
କଥା ଦେଇ କିଛି କଥା ରହେନାହିଁ ଏ ସୃଷ୍ଟିରେ
ଗୌତମୀରେ !
ମାୟାଚ୍ଛନ୍ନ ଏ ପୃଥିବୀ ପ୍ରହେଳିକାପୂର୍ଣ୍ଣ ॥

କୃଷ୍ଣ କାହିଁ ? ନାହିଁ ନାହିଁ
ପ୍ରବଞ୍ଚିତ ସବୁ ଏଠି
ସବୁ ନାହିଁ ନାହିଁ,
ଆତ୍ମା କାହିଁ ?
ନିଗଡ଼ ବନ୍ଧନେ ସବୁ ମୂର୍ଚ୍ଛାହତ
ପୂର୍ଣ୍ଣତାରେ ମିଶିଯିବା ପାଇଁ ॥

ଏ କୃଷ୍ଣ ସାଗର ପରି ଅନ୍ଧକାର ତରଳୁଛି
ଜ୍ୱଳନରେ ଜଳି ଜଳି ଝରିଯିବା ପାଇଁ
ଏ ମାୟା ରଚିତ ସୃଷ୍ଟି ଖଣ୍ଡଖଣ୍ଡ ଭାଙ୍ଗିପଡ଼େ
କାମନାର ଉଷ୍ଣ ଧାସ ପାଇ।

ସବୁ କିଛି ସତ୍ତାହୀନ ବ୍ୟସ୍ତ ଆଉ କାମୁକ ଈର୍ଷାରେ
ଗୌତମୀରେ, ମୁମୂର୍ଷୁ ଆଲୋକ ଶିଖା
କଳାରାତି କେବେ ଭାଙ୍ଗିପାରେ ! !

ପୁନର୍ଜନ୍ମ କେବେ ହେବ, କେଉଁ କାଳେ
ଆଉ କେଉଁ ଉତ୍ସୁକତା ନେଇ
ଏମିତି ଦୈନ୍ୟରେ ଖାଲି
ଜୀବନକୁ ଜାଳିଯିବା ଭରସା ବା କାହିଁ ?
ସବୁ ଯଦି ମିଛ ହୁଏ କଥା ଦେବା, ଦେହ, ପ୍ରେମ
ପୁନର୍ଜନ୍ମ କେମିତି ବା ସତ୍ୟ,
ଏ ସୃଷ୍ଟିରେ ଆତଯାତ କେତେଦିନ ଏ ଜୀବାତ୍ମା
ମନେନାହିଁ କେମିତି ଅନିତ୍ୟ ? ?

ସବୁ ଜାଣି ଦିଗହଜା ପକ୍ଷୀ ପରି କି ସାହସ
ବିପର୍ଯ୍ୟସ୍ତ ନୀଡ଼ ବାନ୍ଧିବାକୁ,
ସବୁ ବାଟ ଚାଲିବାର ନୁହେଁ ଜାଣି
କାହିଁକି ଲାଗୁଛି ମାୟା ଗୌତମୀରେ,
ଆଉ କିଛି ବାଟ ଚାଲିବାକୁ ! !

ଲୋକଙ୍କର କାମ ଏଠି ବୁଲିବୁଲି ଏଇମିତି
ଅନେକ କହିବା ଆଉ ଅପବାଦେ ବୁଡ଼ାଇ ମାରିବା
ଅଥଚ କଳଙ୍କ କେବେ ଲାଗେ ନାହିଁ
କୃଷ୍ଣତ୍ୱରେ ପଡ଼େ ନାହିଁ କେବେ କଳାଗାର,
ସମୟର ହାତ ସବୁ ପୋଛିନିଏ
ପ୍ରେମଥାଏ ପ୍ରେମ ହୋଇ ଝଳି ଚିରକାଳ।

ଏ ସୃଷ୍ଟି ତ ଦ୍ୱାପରର ନୁହେଁ ଆଉ
କୃଷ୍ଣ ପାଇଁ ଅବା ରାଧା ପାଇଁ
ଜାଣିଜାଣି, କେଉଁକଥା ଅଛପା ରହିଛି ଆଉ
ଗୌତମୀରେ, ଏ ସୃଷ୍ଟିରେ ଆମ ପାଇଁ
ଏ ଜନ୍ମରେ ଆଉ କିଛି ନାହିଁ ॥

ଯେଉଁଠି ପବିତ୍ର ପରି ତୁ ରହିଛୁ ଏ ସୃଷ୍ଟିକୁ ଛାଡ଼ି
କୃଷ୍ଣ ତୋର ଖୋଜି ଖୋଜି ଯିବ ତତେ
ଏ ସୃଷ୍ଟିର ଯାତ୍ରା ଶେଷ କରି ।
ତା' ପରେ ସୁବର୍ଣ୍ଣ ରଥ ମହାଶୂନ୍ୟେ ଥିବ ରହି
ଅଳଙ୍କାରେ ବିମଣ୍ଡିତ, ଶୋଭାବନ୍ତ ଆମ ଅପେକ୍ଷାରେ
ତତେ ମୁଁ ବସେଇ ନେବି ସବୁ ସୃଷ୍ଟି ସୀମା ପରେ
ଅଲୌକିକ ଦିବ୍ୟଜ୍ୟୋତି ମଣ୍ଡଳରେ
ଅଭିଷେକେ ମହାମହିମରେ ॥

ଆମେ କେହି କାହାକୁ ବା କେମିତି ଭୁଲିବା ଆଉ
ଏତ ମୋ' ନିଜର ସୃଷ୍ଟି
ମୋ' ଜୀବନ ମହାଆକର୍ଷଣ
ଆଉ ଏକ ଦେହ ନେଇ ଗୌତମୀରେ
ପୁନରପି ଇତିହାସେ ଲେଖାହେବ ଏ ମହାମିଳନ ॥

(୧୦)

କେମିତି ଶୂନ୍ୟମଣ୍ଡଳ ଝଲସୁଚି,
ଚନ୍ଦ୍ର ତାରା ଖଚିତ ଆକାଶ
ଚିତ୍ରକର ମନଲୋଭା ରଙ୍ଗଝରା ଚିତ୍ର ପରି
ବର୍ଣ୍ଣିଳ ଏ ସୃଷ୍ଟି ଦିଶେ
ପ୍ରାଣବନ୍ତ, ଅତି ରୋମାଞ୍ଚିତ ॥

ନିଝୁମ୍ ନିଝୁମ୍ ସବୁ
ଥମ୍‌ଥମ୍, ଚୁପ୍‌ଚାପ୍, ନିର୍ବାକ ନିସ୍ପନ୍ଦ
ଭାବନାର ସୀମା ଡେଇଁ ଅସୀମ ଚେତନା ତଳେ
ମନେହୁଏ ସବୁକିଛି ଅବୁଝାର ସୂତ୍ର ॥

ଅଥଚ ଜାଣିଚି କିଏ ଏମିତି ସମୟ ଏକ
ପୃଥିବୀରେ ପହଞ୍ଚିବ
ଦେଖୁଥିବା ଦୃଶ୍ୟସବୁ ଅବିଶ୍ୱାସ୍ୟ ପରି ଲାଗୁଥିବ
ଆଜିର ଏ ଘଟୁଥିବା ଅଘଟଣ ଇତିହାସେ
କିମ୍ବଦନ୍ତୀ ପରି ରହିଯିବ ॥

ଦେଖିବା ଲୋକେ କେବଳ
ପ୍ରତିଦିନ ଚାହିଁଥିବେ ଆକାଶକୁ
ସନ୍ଧ୍ୟାରୁ ସକାଳଯାଏ
କାଳେକେବେ ଆଉଥରେ ସେମିତି ଘଟିବ
କିଏ ବା କାହାକୁ କେଉଁ ଭରସାରେ ପଚାରିବ
ଆଚମ୍ୱିତ କେମିତି ଏ ଘଟିଥିଲା ବର୍ଣ୍ଣମହୋତ୍ସବ !

ନିଜେ ବି ନିଜକୁ ଭୟ
ସଂକୋଚରେ ସାଙ୍କୁଳି ଉଠିବା ଛଡ଼ା ଉପାୟ ବା କାହିଁ
ନିଜେ କି ନିଜର ଆଉ ଏ ମୁହୂର୍ତ୍ତେ
ସଂସାରର ସବୁ ମାୟା କ୍ଷଣିକରେ ଯାଉଛି ମିଳେଇ ॥

କିଏ ବା ସାହସ ବାନ୍ଧି କାହାକୁ ବା କହିପାରେ
ସେଦିନ ଆକାଶ ଧୀରେ ଫୁଲ ପରି ନଇଁଗଲା
ଛୁଇଁଦେଲା ପୃଥିବୀର ଛାତି
ଉଦ୍ଭାସିତ ଆଲୋକରେ ସୂର୍ଯ୍ୟର ସହସ୍ର ତେଜେ
ଆହା କି ସୁନ୍ଦର ରଥ ଶୂନ୍ୟେ ଗଲା ମିଶି ॥

ଏଇମିତି ହୁଏ ତ ବା ହୋଇପାରେ
କଥାଭାଷା, ଆଲୋଚନା
ପ୍ରକାଶିତ ହୋଇପାରେ ସଂବାଦ ପତ୍ରରେ
ହୁଲସ୍ଥୁଲ କରିପାରେ ଏ ସଂବାଦ ପୃଥିବୀର ସବୁଦେଶ
ଅଥଚ ମୋ' ମହାଯାତ୍ରା କିଏ ଜାଣିପାରେ !

ସମ୍ବାଦପତ୍ର ବା କାହୁଁ ଛାପିବ ମୋ' ମୃତ୍ୟୁକଥା
ମୋ' ଜୀବନ ଇତିହାସ,
ମୋ' ପ୍ରେମର ମହତ୍ୱ ବା କାହୁଁ ସେ ଜାଣିବ !
କଳାବାଜାରରେ ସବୁ କିମ୍ଭୂତ ଜୀବାତ୍ମାମାନେ
ଜନ୍ମ ମୃତ୍ୟୁ ଆବର୍ତ୍ତେ ଅଥର୍ବ ।

ମୋ' ଦେହ ଜଳିବ ଏଠି
ଏଇ ସୃଷ୍ଟି, ଏଇ ମାଟି
ମୋ' ହାତର ନିର୍ମିତ ଏ କ୍ଷୁଦ୍ର ବାଲିଘରେ
ମୋ' ଚିତା ଭସ୍ମର ରେଣୁ ଉଡ଼ି ଉଡ଼ି ଏ ପବନେ
ସତ୍ତାହୀନ ହୋଇଥିବ ଅନନ୍ତ ଯୁଗରେ ॥

କେଉଁଠି କବିର ଆର୍ଦ୍ର ନରମ ଲୁହର ତଳେ
ଦୁଃଖର ବଳୟ ପରି ମୋ' ପ୍ରେମର
ଖିଅଟିଏ ଝୁଲୁଥିବ
କବିତାର ଧାଡ଼ିଟିଏ ହୋଇ,
କିଏ ବା ଯୁବକ ଦିନେ ଅବୁଝା ପ୍ରେମିକା ନେଇ
ବେଦନାରେ ସିକ୍ତ ତା'ର ପ୍ରତିତନ୍ତ୍ରୀ
ସେ ଗୀତକୁ ଯାଉଥିବ ଗାଇ।
ଆଖି ଆଗେ କିଛି ନାହିଁ
ବହୁଥିବ ସମୟ ବିଷାଦ ନଈ
ଗୌତମୀର ସ୍ମୃତି ଧୋଇ ଧୋଇ।

ଆହା, କେତେ ନିରୀମାଖି ଏ ସମୟ
ନଈ ପରି,
ଆହା କି ବିଷାଦ ସାରା ବସୁନ୍ଧରା ଯାଉଅଛି ଛାଇ
ଗୌତମୀର ପ୍ରେମ, ସ୍ମୃତି, ଇତିହାସ, ଉତ୍ତରଣ
ବହୁଅଛି କାହାଣୀର ଛିନ୍ନ ପୃଷ୍ଠା ହୋଇ,
ବିଷାଦରେ ଭାସମାନ ଏ ସମୟ
ବହିଯାଏ ବିଷାଦରେ ସମୟର ନଈ ॥

ଚଉଦାଳୀ

।। ଏକ ।।

ତମ ଆଉ ମୋ’ ଭିତରେ କେତେ ଲମ୍ବା ବିଚ୍ଛିନ୍ନ ରେଖାର
ଆଖିର ଲୁହରେ ଦୁଶେ ଚାରିଦିଗ କୁହୁଡ଼ିଆ ବେଳ,
ରହେ ସବୁ ଅବୁଝାରେ, ଦିଶୁନାହିଁ ଆକାର ପ୍ରକାର
ହାତକୁ ପ୍ରସରି ଶୂନ୍ୟେ ଇଚ୍ଛା ହୁଏ ଖେଳିବାକୁ ଏକୁଟିଆ ଖେଳ ।।

ସାତ ସପନରେ ଯାହା ସବୁ କଥା ମନେ ନ ପଡ଼ିଲେ
ତମେ ଖାଲି ଦୁଶିଯାଅ, ମୋ’ ଭିତରେ ମୁଁ ନିଜେ ହଜିଲେ,
ଆଲୁଅକୁ ଛାଇ କରି ସମୟର ବେଳବୁଡ଼ା ବୁଲାଣି ଭିତରେ
ବିସ୍ମରଣେ ହୁଏତ ବା ଆକସ୍ମାତ ଭେଟ ହେବ ଜନ୍ମଜନ୍ମାନ୍ତରେ ।।

ତମେ ସିନା ଯିବ ଘୁଞ୍ଚି ମୋ’ ସ୍ଥିତିରୁ ଦୂର ଦୂରାନ୍ତକୁ
ପାରିବିନି ଦେଇ କେବେ ମୋ’ ଆତ୍ମାରେ ଘୂରୁଥିବା ‘ତମ’ ଅସ୍ତିତ୍ୱକୁ
ଅଜ୍ଞାତ ମାଟିର ମୋହ ଠାରୁ ଭଲ ଅଶରୀରୀ ଦେହ
ଯେଉଁଠି ବିଚ୍ଛିନ୍ନ ଥିବ ଆଲୋକ ଓ ଅନ୍ଧାରର ସରୀସୃପ ମୋହ ।।

ଆଦିଗନ୍ତ ତମେ ଥିବ, ତମେ ଥିବ ମୋ’ ଦେହର ପ୍ରତିଟି ସତ୍ତାରେ
ସ୍ମୃତିର କଅଁଳ ସ୍ୱପ୍ନେ ତମେ ପୁଣି ଜୀଇଯିବ ଅଦୃଶ୍ୟ ଇଚ୍ଛାରେ ।।

॥ ଦୁଇ ॥

ନିଟୋଳ ସମୟ ଗଢ଼େ, ସବାର ଏ କାହାର ପିଠିରେ
କାହାପାଇଁ ପଦ୍ମାବତୀ ଚାହିଁଦିଏ ଖିଆଲି ହସରେ ?
କିଏ ବା ଜାଣିଚି ଯୁଦ୍ଧ, ରାଜ୍ୟ ଜୟ ଗଜପତି ଅନ୍ତର କାହାଣୀ
ଉଷୁମ ନିଃଶ୍ୱାସ ଦେହେ ବିଜୁଳି ଚମକ ଖେଳେ,
ଫିଟିଯାଏ ଶ୍ରାବଣର ବେଣୀ !!

ମିଟିମିଟି ତାରାପରି ତା' ଆଖିର ଅନୁକମ୍ପା ବେଦନାରେ ଜୁଡୁବୁଡୁ ହୋଇ
ପାଲଟଇ କୁହୁଡ଼ିଆ, ମରମେ ମରମେ ଛୁଏଁ ସବୁ ସ୍ମୃତି- କୁଦ ଦୋହଲାଇ ।
ଅଜାଣତେ ଡରିଯାଏ, ଭାଷାନାହିଁ, ସ୍ୱପ୍ନ ସବୁ ହଜିଯାଏ ନାହିଁ ବ୍ୟବଚ୍ଛେଦ
ତଥାପି ସମୟ ପୁଣି ସ୍ଥିର ହୁଏ, ନିଜ ମୁହେଁ ନିଭିଆସେ ନିଜ ପ୍ରତିବିମ୍ବ ॥

ଗୁଡ଼ି ଉଡ଼େ ନଟେଇରୁ ସୂତା ସରେ, ବହୁଦୂର ଯାଏ ଉଡ଼ି ମୋ' ସ୍ୱପ୍ନର ଗୁଡ଼ି
ତୁନିତାନି ତୁ ଚାଲିଚୁ, ଏ ରାଇଜେ ପହଞ୍ଚିଛି ସାଥିହୋଇ ବର୍ଷା ଓ ମରୁଡ଼ି ।
ମୋ' ସ୍ୱପ୍ନ ଆସିଲେ ସରି ବୋକଦିଆ ଗାଲ ପରି ଲାଲ୍ ହୁଏ ଆକାଶର ଛାତି
ସ୍ମୃତିସବୁ ପେନ୍ଥା ପେନ୍ଥା ସ୍ୱାର୍ଥପର ସରେ ନାହିଁ ପାହିଲେ ବି ରାତି ॥

ଇଛା ବା ଅନିଚ୍ଛା ସତ୍ତ୍ୱେ ମୃତ୍ୟୁ ଠାରୁ ଯଦି ମୋତେ ବେଶୀ ଭଲପାଅ
ମୃତ୍ୟୁ ପରେ ଏ ମାଟି ମିଶାଇ ଦେବ ଦୁଇଗୋଟି ଦେହ ॥

।। ତିନି ।।

ଆକାଶେ ଅନ୍ଧାର ଘୋଟେ ସୂର୍ଯ୍ୟ ନିତି ଅସ୍ତଗଲା ପରେ
ରାତି ତ ହେଉଛି ଗଣା ଫୁଲେଇ ଫୁଲଙ୍କ ମେଳେ
ବସିବସି ନିର୍ଜନତା କୋଳେ
ନଇଁଲା ସଂଜରେ ତାରା କେମିତିକା ହସେ ଦେଖ
ଭିଜିଭିଜି ବର୍ଷାର ଅନ୍ଧାରେ
ଅଗ୍ନିଧାରା ବର୍ଷେ ସୂର୍ଯ୍ୟ କାହାପାଇଁ ଦି'ପହର ନିଛାଟିଆ ବେଳେ !!

ପଦ୍ମବନ ଫୁଟି ଲୋଟେ ସୂର୍ଯ୍ୟାଲୋକେ ଫୁଲେ ଫୁଲେ ଭଅଁରର ମେଳେ
କାହା ନୂଆ ପ୍ରୀତିରସ ବିତାଉଛି ସମୟ ମୋ' ନୂଆ ନୂଆ ସ୍ୱପ୍ନର ଗହଳେ,
ଫୁଲରୁ ଫୁଲକୁ ଉଡ଼େ ମଦମତ୍ତ ଭଅଁରର ନିଶାଖୋର ମନ
କିଆଁ ସେ ହେଉଚି ଅନ୍ଧ ପଦ୍ମଫୁଟା ଅନ୍ଧକାରେ
ଦୂରେ ରଖି ଅସରା ଜୀବନ !!

ଛବି ତା' କୁହୁଡ଼ି ପରି, ଆକାଶ ଯାଉଚି ଲୋଟି ପାଦତଳେ ତା'ର
ବେଦନାର ଆବାହନ ମରମେ ଯାଉଚି ଛୁଇଁ ଦରଫୁଟା ସରମୀ କଇଁର,
ଦେଖିଚ କି ଅଗ୍ନିକଣା ! ମରମେ ଜଳିଲେ ନିଆଁ,
ଜଳିଗଲେ ସପନର ସବୁଜ ଗାଲିଚା
ବ୍ୟର୍ଥତାର ବହ୍ନିଶିଖା ଆଶାର ନଦୀର ଘାଟେ
ଜୁଆରିଆ ଅଶ୍ରୁ ତଳ ବ୍ୟଥା ।।

ଜୀବନ କି ସମୟକୁ ଚୂରିଯିବ,
ଚାଲିବାର ବାଟ କିବା ଜମାନୁହେଁ ଶ୍ୱାପଦ ସଂକୁଳ
ଅକୁହା କଥାକୁ କିଏ କଥାରେ ପାରିବ ଗାଇ
ସ୍ୱପ୍ନ ପିଇ ହେଲେ ଉତ୍ତରଳ !!

॥ ଚାରି ॥

ଅଧିର ଗୀତର ଛନ୍ଦେ ପଲକେ ପୁଲକ ଯେତେ
ତୋଳେ ତମ କାରିଗରୀ ଦେହେ
କଅଁଳ ମନରେ ହଜି ନିଜେ ମୁଁ ନିଜକୁ ଭୁଲେ,
ଭୁଲିଯାଏ ପଥ ପୁଣି ସବୁ ସ୍ୱପ୍ନ ପରି
ନିଃଶ୍ୱାସର ବିଶ୍ୱାସ ସେ,
ବିଶ୍ୱାସର ରକ୍ତ ନଇ ମୋ' ଇଚ୍ଛାର ମାନଚିତ୍ର ଦେହେ
ବର୍ଷାସମ ସ୍ୱପ୍ନଧାରା ମୋତେ ତୋଳି କୋଳ କରେ,
ଅବା ତମ ପଣତର ଛାଇ ॥

ନିଠୁର ମୋ' ବକ୍ଷ ଚିରି ତମେ ସିନା ଯାଅ ଝରି
ଝର୍ଣ୍ଣା ପରି କୁଳୁକୁଳୁ ହୋଇ
ଭରା ବାସ୍ନା ଚୁମିଚୁମି ଏ ବୁକୁ ତାତିର ଫୁଲୁଁ
କେମିତିକା ତମେ ଗଲ ବହି,
ଆଜି ସିନା ଘୂରେ ପୃଥ୍ୱୀ ମୋ' ଆଖିରେ,
ମୁଁ ଚାଲିଛି ସବୁ ସ୍ୱପ୍ନ କଙ୍କାଳ ଖେଳେଇ
ଲାଞ୍ଛନାର ଗରଳରେ ମୋ' ଦେହ ନୀଳାଭ ସିନା,
ଜୁଆରିଆ ଦେଖ ଶାନ୍ତ ନଇ ॥

ତଥାପି ଗାଉଚି ଆଜି ବିଷାଦର ଗୀତିକାରେ
ତମରି ଅବର୍ତ୍ତମାନେ ନିତ୍ୟ ତୁମ ପ୍ରଣୟର ଲୀଳା
କିଏ ବା ଜାଣିଚି ସଖୀ !
ତମେ ଖାଲି ଭାବ ଯାହା ପ୍ରେମ କିବା ବେଦନାର ନିଆଁ ?
ତମରି ଓଠର ହସ, ତମରି ଆଖିର ଭାଷା ଆଶାରେ ମୁଁ କବି ଅଛି ଜୀଇ
ଜୀଇବାର ମାନେ କିବା ଯନ୍ତ୍ରଣାରେ ଜାନ୍ତବତା ଖୋଜିବାର ପାଇଁ ? ?

ଆଜି ଏ ପୃଥିବୀ ମିଛ, ଅଶ୍ରୁ ମିଛ, ସ୍ୱପ୍ନ ମିଛ,
ମିଛ ତମ ଆଖି କୋଣୁ ଝରାଫୁଲ ଭାଷା
ଏ ସମୟ ସ୍ୱାକ୍ଷରରେ ତମେ ଯେତେ ଭଲପାଅ,
ସେ ସବୁ ତ ଛଳନାର ଆର୍ଦ୍ର ନୀରବତା ॥

॥ ପାଞ୍ଚ ॥

ମେଲାଣି ପୂର୍ବରୁ ତମ ଆଖି ହୁଏ ଛଳଛଳ
ନିରିମାଖୀ ଛୋଟ ଏକ ଝରଣାର ଧାର
ମୋ' ହୃଦୟ ରକ୍ତ ସବୁ ଝରଝର ଝରି ଆସେ
ସତେ ଅବା ଉତ୍ତରଳ ବର୍ଷାର ସିଆର।
ତମେ ଖୁବ୍ ଚୁପ୍‌ଚାପ୍, ସୋରିଷ ଫୁଲର କ୍ଷେତ,
କାରିଗରୀ ସୁଷମାର ଛବିଟିଏ ପରି
ବାଉଳା ପବନ ସାଥେ ମୋ' ଦେହର ବାସ୍ନା ମିଶି
ଚାଲିଯାଏ ପହଁରି ପହଁରି ॥

ତମେ କୁହ କଥା କୁହ ବ୍ୟଥିତ ହୃଦୟ କଥା
ଯାହା ଶୁଣି ମୃତ୍ୟୁର ବି ପାଦ ଥମି ଯିବ
ଜୀବନକୁ ଡରୁଥିବା ମୃତ୍ୟୁ ଭୋଗୀ ଲୋକଟିର
ବଞ୍ଚିବାର ମୋହ ସଂଚରିବ।
ମୋ' ଦେହରେ ଏ ପୃଥିବୀ ଧକ୍‌କା ଖାଇ ଯାଏ ଭାଙ୍ଗି,
ଏଇ କ'ଣ ତାଣ୍ଡବ ସୃଷ୍ଟିର ?
ସପ୍ତଫେଣୀ କଣ୍ଟା ଅବା ଖଣ୍ଡ ଖଣ୍ଡ ଚିରିଦିଏ
ପ୍ରତିକ୍ଷଣେ ହୃଦୟକୁ ମୋର ॥

ତମେ କେତେ ଭଲପାଅ ପଚାରିଲେ ଲାଜପାଅ,
ସିନ୍ଦୂରା ଫାଟିଲା ପରି ଲାଲ୍ ଦେଖାଯାଅ
ଜନ୍ମଠାରୁ ମୃତ୍ୟୁ ମଧ୍ୟେ ଜୀବନର ଚାରୁଚିତ୍ର ଏଇ ସିନା
ବଂଚିବାର ଲୋଭନୀୟ ମୋହ ।
କେମିତି ବା ହେବ କହି ଅବା ପୁଣି ହେବ ମାପି
କେ' କାହାକୁ କେତେ ଭଲପାଏ ।
ଏମିତି ବି ଅଜଣାରେ ଅକାରଣେ କାନ୍ଦିବାକୁ
ବେଳେବେଳେ ଭାରି ଇଚ୍ଛା ହୁଏ ॥

ତମେ ଚାଲି ଯିବାପରେ ଦିନ ଯାହା ରାତି ତାହା,
ସବୁ ସିନା ହୋଇଯିବ ମୋ' ପାଇଁ ସମାନ
ସମୟର ପାହାଚରେ ଚଢୁଥିବି, ଖସୁଥିବି
ସେତେବେଳେ ତମ ସ୍ମୃତି ନିର୍ଯାତନାମାନ ॥

॥ ଛଅ ॥

ମେଲାଣି ମାଗୁଚ ତମେ ଅନ୍ୟ ଦେଶ ଯିବ ଚାଲି ମୋ' ଠାରୁ ଦୂରେଇ
ଏକା ଏକା, ନିଛାଟିଆ ବର୍ତ୍ତୁଳିତ ସମୟର ଗଡ଼ାଣିଆ ବାଟେ,
ତମରି ଲୁହରେ ଆର୍ଦ୍ର ପାପୁଲିକୁ ଚାହିଁଦେଲେ ମନେହୁଏ ମୋର
ମୁଁ ନିଜେ ଇଁ ଟୋପେ ଲୁହ ଦ୍ରବିଯାଏ ଏ ସାରା ଶରୀର ॥

ମେଲାଣି ମାଗୁଚ ତମେ, ତମେ ଖୁବ୍ ଚୁପ୍‌ଚାପ୍
ଉଦାସିଆ ଆଖିପତା ଏକାନ୍ତ ନିରବ
ନିରବିତ ମୁହୂର୍ତ୍ତର ସ୍ପନ୍ଦନରେ ଆଜିକାଲି ନିଜେ ମୁଁ ହଜୁଚି,
ମୁଁ ନିଜକୁ ଖୋଜେ ନିଜେ ମୋ' ଭିତରେ ରାତି ରାତି ଦୁଃଖର ପାହାନ୍ତି
ଯେଉଁଠାରେ ପହଞ୍ଚିଲେ ସେଠାରେ ବି ଅନୁଭବେ ତମ ଅବସ୍ଥିତି ॥

ମେଲାଣି ମାଗୁଚ ତମେ,
କେମିତି ମୁଁ ଜଣେଇବି ଶୁଭବାର୍ତ୍ତା ଭଙ୍ଗାଭଙ୍ଗା ସ୍ୱରେ
ମୁଁ ଚୁମୁଚି ଆଲୋକରେ ତମରି ଝଲସା ମନ
ମହକିତ ଇଚ୍ଛାର ବାସ୍ନାରେ;
ବରଂ ତମେ ଯାଅ ଭୁଲି ମୋ' ନୀଳାଭ ବେଦନାରେ
ଜୁଡୁବୁଡୁ ଅୟୁତ ଇଚ୍ଛାଙ୍କୁ
'ଯାତ୍ରା ତମ ଶୁଭ ହେଉ' ନିରବେ ଏତିକି କହେ
ସମୁଦାୟ ଅକୁହା କଥାକୁ ॥

ମୁଁ ଝୁଲିବି ଶୁଷ୍କ ଡେମ୍ଫେ ତମେ ଚାଲି ଯିବା ପରେ
ହଳଦିଆ ପତ୍ରଟିଏ ହୋଇ
ସ୍ମୃତି ପରି ସେତେବେଳେ ଦୀର୍ଘରାସ୍ତା ଯେମିତି ମୁଁ
ତମେ ଥିବ ଏକାକୀ ବାଟୋଇ ॥

।। ସାତ ।।

କାହାକୁ ଖୋଜୁଚି ଆଉ, ଯାହା ପାଏ ମନେହୁଏ
ସେ ସବୁ ମୋ' ହଜିଥିବା ନୁହେଁ
ହଜାଇଲି କେଉଁକଥା କେଉଁଘାଟେ ମୋ' ପାଇଁ ବା
ଖୋଜିଆଣି ଆଉ ଦେବ କିଏ ?
ତମେ କି ପାଇଚ କିଛି ସନ୍ଦେଶ ତା' କୁହ ମୋର ବନ୍ଧୁ ପରିଜନ
ସିଏ ଆଉ କିଛି ନୁହେଁ
ଡେଣା ବାଇ ଯାଇଥିବା ଚଢ଼େଇର ମନ ପରି ମନ ।।

ପଥରର ଦେହ ତା'ର
ମଚମଚ କଳାରଂଗ ନିମିଷକେ ଫୁଲ ପାଲଟିଲା
ବରଫର ଟାଣ ଦେହ ଅପଲକେ ଝୁଣା ପରି ଝରିଝରି ଗଲା ।
ଦେଖିଚକି ଫୁଲଟିକୁ, ଶିରିଷର ଫୁଲ ପରି ଚିକ୍‌କଣ କୋମଳ
ନିଜକୁ ଧୋଇଚ କିଏ ସେ ଝରରେ,
କିଏ ପୁଣି ପାଲଟିଚ ଉନ୍ମତ୍ତ ପାଗଳ !!

ଅବା କିଏ ତା'ର ତୀରେ ପ୍ରତାରିତ ଗୀତ ଛନ୍ଦେ
ଯାଇଅଛ ଗୀତ ଗାଇଗାଇ
ଦିଅ ମୋତେ ସେ ସଂଦେଶ, ତରାଟର ଫୁଲପରି
ମୋ' ଦେହର ରଂଗ କିଏ ନେଇଛି ଛଡ଼େଇ ।
ବାଉଳା ଭାବରେ ଆଜି ଏକାକାର
ସମୁଦାୟ ସତ୍ତା ମୋର ମୋ' ନିଜକୁ ଖୋଜେ
ଖୋଜିବା ନିମିତ୍ତ ମାତ୍ର, ଖୁବ୍ ବେଶୀ ଭଲଲାଗେ
ମୁଁ ନିଜେ ଇ ମୋ' ଭିତରେ ବାରମ୍ବାର ହଜେ ।।

ତା'ର କି ସଂଧାନ ନେଲ ? ଯିଏ ପୁଣି ପରିବ୍ୟାପ୍ତ ଭୂମିରୁ ଭୂମାକୁ
ଆତ୍ମାରୁ ଆତ୍ମାକୁ ଯାହା ସଂଚରଇ ନିମିଷକେ
ଉପଲବ୍ଧ ଅଦୃଶ୍ୟ ସ୍ଥିତିକୁ ।।

॥ ଆଠ ॥

ତମେ ଦେଖ ଏ ଦେହର ରକ୍ତମାଂସ
ବୟସର ବ୍ୟସ୍ତ ଭାବ କେବେ ପୁଣି ଶିଥିଳ ଚର୍ମକୁ
ଏବେ ବି ତୁମରି ଦେହେ ଚହଲଇ
ଅମାପ ଶିଶିର ଢେଉ ଫେନାୟିତ ଭାବରେ ଯେହେତୁ।
ଏ ଦେହରେ ଡେରିଛ କି କାନ କେବେ ଶୁଣିବାକୁ
ତମ ପାଇଁ ଏ କାହାର କରୁଣ ବାହୁନା
ତମେ ପଛେ ଯାଅ ମିଶି ଅନ୍ୟ ଏକ ଦେହ ଦେହେ,
ଦେହ ପାଇଁ ଦେହ ସିନା ମନା ॥

ଏ ଦେହ ବିକାର ଗ୍ରସ୍ତ, ପୋଷା ସାପ,
ଜାକିଜୁକି ଶୋଇ ରହେ ଯାହା ତମେ ଜାଣ,
ଏକ ଦେହ ମୃତ୍ୟୁ ଲଭେ ଯେତେବେଳେ
ତମ ଦେହ ରଚୁଥାଏ ସାତ୍ତ୍ୱିକ ରମଣ।
ସେ ମୁହୂର୍ତ୍ତେ ଆକାଶ ବି ନଇଁଆସେ ଏ ମାଟିକୁ,
ତମେ ତା'ରେ ନିର୍ବିକାରେ ଏ ଦେହରେ କର ଏକାକାର
ସପନର ଫୁଲବେଦୀ ପରି କାରିଗରୀ ଦେହ କିବା
ସବୁଦିନ ହୋଇଥିବ ତମର ନିଜର ॥

ତମ ଇଚ୍ଛା। ତମେ ଯାହା କରିପାର
ଏ ଦେହର ତମେ ହୁଅ ଶ୍ରେଷ୍ଠ ଅଧିକାରୀ
ଈପ୍‌ସିତ କାମନା ସବୁ ନିରଂକୁଶ ବାସ୍ତବର କଣ୍ଟା ଦେହେ
ଫୁଲପରି ହେଉ ଅନୁସାରୀ।
କାରୁଣ୍ୟରେ ଭରିଯାଉ ଏ ହୃଦୟ,
ସବୁ ଚିହ୍ନ ପରେ ପୁଣି ରହିଯାଉ ଆଉ ଏକ ଚିହ୍ନ
ନିଜକୁ ଭୁଲିଲା ବେଳେ ଏ ପୃଥିବୀ ଭୁଲି ହେଉ,
ସମୟର ଗତି ହେଉ ଏ ଦେହେ ନିଶ୍ଚିହ୍ନ ॥

ମୁଁ ହୁଏ ଘୃଣିତ ଜୀବ ଅବା ମ୍ଳେଚ୍ଛ
ତମେ ରଚ ଏ ଦେହରେ ଚିର ଅଭିସାର
ଏ ଦେହ ଦେହାନ୍ତ ପରେ ଆଉ ଏକ ଦେହ ହେଉ
ତମେ ହୁଅ ଦାହ ଉପଚାର ॥

।। ନଅ ।।

ଆକାଶେ ଆକାଶେ ମେଘ ତୋ' ଆଖିର କଜ୍ଜ୍ୱଳରେ ଲୁହକୁ ମିଶେଇ
ଆକାଶ ଦୁଆତଟିଏ କିଏ ଅବା ଭରି ଦେଇଅଛି କଳା ସ୍ୟାଇ।
ବରଷା ଝରିଲେ ଲାଗେ
ତୋ' କଲମୁ ବର୍ଣ୍ଣମାଳା ଝରିପଡ଼େ ଲେଖିବାକୁ ପ୍ରେମର ଚିଟାଉ
ପୃଥିବୀ ପରି ମୁଁ ଅବା ଛୋଟିଆ କାଗଜ ଫର୍ଦ୍ଦେ,
ଚିଠି ଲେଖା ନସରଇ ଆଉ ।।

ମୋ' ପାଇଁ ତୁ ସଜାଉଚୁ କେତେ ଭାଷା !
ଅସରନ୍ତି, ସମୁଦାୟ ତୁ ନିଜେ କି ଲେଖି ହେବୁ ଆଉ !
ସମୁଦ୍ର ପୂରିବ କେବେ ?
କେବେ ପୁଣି ବୁଡ଼େଇବ ମନ ମୋର ତୋ' ଚିଟାଉ ଜୁଆରିଆ ଢେଉ ?
ଏମିତି ମୁଁ ଫଟାମାଟି କେତେଦିନ ଚାହିଁଥିବି ?
ଆର୍ଦ୍ର ହେବି କେବେ ପୁଣି ତୋ' ଭାବନା ବର୍ଷାର ସିଆରେ
ଇଚ୍ଛାକୁ ମୁଁ ଫଳବତୀ କରାଇବି ନୂଆକରି
ବାରମ୍ବାର ଭାଙ୍ଗିଗଢ଼ି ନିଜକୁ ମୁଁ କାମନା ନିଆଁରେ ।।

ଏଇତ ବୈଶାଖ ଖରା- ସବୁ ଦିନ ଆକାଶରେ ଭାସୁଅଛି ଧୋବଲା ବାଦଲ
ତତେ କେତେ ଚାହିଁଥିବି,
ମୋ' ଦେହରୁ ଖସି ଆସେ ବୟସର ଦିନ, ମାସ, ସାଲ।
ଶେଷରେ ଭାବୁଚି ଥିବି ଶୁଖିଲା ଗଛଟେ ହୋଇ
ଡାଳ ପତ୍ର ଝଡ଼ିଥିବ ଯାଇଥିବି ଶୁଖି
ଝରଝର ବରଷା ତୋ' ଆଖିରୁ ଝରିଲେ ଯେତେ
ପାରିବୁକି ଆଉ ହୋଇ ସୁଖୀ !!

ମୁଁ କିନ୍ତୁ ହୋଇବି ଖୁସି
ସେତେବେଳେ ଅବା ଯଦି ପଡ଼େ ନଇଁ ତୋହରି ସୁଅରେ
ଭାସିଭାସି ଯାଉଥିବି ତୋ' ସାଥିରେ ସାଥି ହୋଇ
ତୋ' ଲୁହର ଜୁଆରେ ଜୁଆରେ ।।

॥ ଦଶ ॥

ମନେ ପଡୁନାହିଁ କି କଥା ଲେଖିବି ଅଭିମାନିନୀ
ସକାଳ ଶିଶିରେ ଭିଜି ଯାଉଚି ମୁଁ, ନୂଆ ତରୁଣୀ।
ଗୋଟିପଣେ କେବେ ତରଳି ଯାଉଚି ତୋ' ଅଭିମାନେ
କଥାଫଥା କିଛି ପଡ଼େ ନାହିଁ ମନେ, ପଡ଼େନା ମନେ।
ବୁଝୁନାହିଁ ମନ ଯେତେ ଯାହା କିଛି ଦେଉଚି ଲେଖି
ଭାବୁଛି ଯେମିତି ଆଉ କିଛି କଥା ରହିଲା ବାକି ॥

ଲେଖୁଥିଲେ ଚିଠି ଜୀବନଯାକ ତ ହେବନି ଶେଷ
ରହିଗଲେ ଅଧା ଚହଲ ପଡ଼ିବ ପୃଥିବୀଯାକ।
ଖୋଜୁଥିବେ ଲୋକେ କିଏ ସେହି ଅପରୂପା ତରୁଣୀ
ଭାବ ମୋହିତରେ ଅସରା ରହିଲା ଅଭିମାନିନୀ।
କିଏ ସେ ପ୍ରେମିକ ଅଧା ଚିଠି ଲେଖି ଗଲାରେ ଚାଲି
ଆହା ! ଜୀବନ କି ହତାଶା ମରୁର ଧୂସର ବାଲି ॥

ସବୁ ଅନ୍ତରାଳେ କୋମଳ ଖରାରେ ଥିବି ମୁଁ ଘୂରି
ଶୋଷି ନେବି ତୋତେ ଉଭେଇ ଯିବୁ ତୁ ଶିଶିର ପରି ॥

॥ ଏଗାର ॥

ମନ ଫୁଲ ଭାବି ତୋଳି ନେଇଗଲ ହୃଦୟର ମୂଲ ଦେଇ
ମନ ଫୁଲ ତମ ନଥିଲେ ମୁଁ ହୋଇ ପାଖରୁ ଦେବ ଦୂରେଇ।
ଦୂରେଇ ଦେବଗୋ, କଅଁଳ ପାଖୁଡ଼ା ଆଉଁଶି ଦିଅଗୋ ନରମ ହାତେ
ଛିଡ଼ିଯିବ ଯେବେ ଅସଜଡ଼ା ଭାବେ ଗୋଟେଇ ନେବନି ଆପଣା ସାଥେ ? ?
ଗୋଟି ଗୋଟି କରି ବିଞ୍ଚି ଦେଇ ଯାଅ ତମରି ହାତରେ ଚାଲିବା ବାଟେ
ଅବା ଗୋ ସାଇତି ରଖିଦିଅ ନେଇ ଗହନ ମନର ଗୋପନ ତଟେ ॥

ମଉଳିବ ଯଦି ଫୁଲର ପାଖୁଡ଼ା ଥୋଇ ଦିଅ ସ୍ନେହେ ହୃଦୟେ ନେଇ
ପାରିବ ଯଦି ଗୋ ଫିଙ୍ଗିଦିଅ ଦୂରେ, ଶୁଖେଇ ଦିଅ ମୋ' ସ୍ୱପ୍ନ ନଈ।
ଝରୁଥିଲେ ଫୁଲ ଝୁରଥାଏ ମନ, ନିରବେ ଦୁଃଖ କିଏ ଆଉ
ଅନୁଭବି ପାରେ, ମହ୍ଲାର ରାଗେ ଦୁଃଖ ଗୀତିକା ଗାଉ ଗାଉ ! !
ଗୀତ ତ ନୁହେଁ ତ ! ସତତ ପ୍ରଗଳଭା ତମେ ତ ଉଛୁଳା ନଈ ସୁଅ
ଫୁଲ ଚାଲି ଆସେ ନିଜ ଅଜାଣତେ ଆଉ କାହା ପାଇଁ ତମେ କୁହ ! !

ପାଇବ କି ଆଉ ମାଡ଼ି ଆସେ ଯଦି ବହଳ ଶୀତର କୁହୁଡ଼ି ଘେର
ଖୋଜି ହେଉଥିଲେ ଝୁରି ହେଉଥିବ ଝରି ଯାଉଥିବ ଲୋତକ ଧାର ॥

।। ବାର ।।

ବିଦାୟ ନେଉଚି ବନ୍ଧୁ, ଦେଖ ମୋର ଶୂନ୍ୟ ହାତ, ବିଦାୟ ପୃଥିବୀ
ବିଦାୟ ନେଉଚି ଆଜି ଜଳ, ସ୍ଥଳ, ଆକାଶର ହେ ବାସିନ୍ଦାଗଣ
ଜୀବରୁ ନିର୍ଜୀବଯାଏ ସମସ୍ତଙ୍କୁ ଏ ଯିବାର ଶେଷ ସଂଭାଷଣ
ଫେରିବାର ପ୍ରତିଶ୍ରୁତି ଅହେତୁକ ମାନବୀୟ, ସତ୍ୟ ଚାଲିଯିବି ।।

ଏ କେଉଁ ଅଦୃଶ୍ୟାଲୋକେ ଆଲୋକିତ ମୋ' ଦେହର ପ୍ରତି ଗଳି କନ୍ଦି
ମାଟିର ମୋହରୁ ଥରେ ଖସିଗଲେ ଭୁଲିହୁଏ ମୂର୍ତ୍ତ ଚେତନାକୁ
ଭୁଲିହୁଏ ପୃଥିବୀର ପାପବୋଧ, ବସ୍ତୁବାଦୀ ମୁମୂର୍ଷୁ ଆତ୍ମାକୁ
ସମ୍ମୋହିତ ଏକାଗ୍ରତା ନିଜକୁ ଅତିଷ୍ଠ କରେ ସାତ୍ତ୍ୱିକତା ରୁନ୍ଧି ।।

ତମେ ଯେତେ ଟିକିନିଖି ବ୍ୟାଖ୍ୟା କଲେ ତା'ଠାରୁ ମୁଁ ଅଧିକ ଯେମିତି
ଅନାୟାସେ ବିସ୍ତାରିତ କରିପାରେ ସ୍ୱରୂପ ମୋ' ସାରା ଆକାଶରେ
ଇଚ୍ଛାମତେ ସବୁ ଘଟେ, ନିର୍ଦ୍ୱନ୍ଦ୍ୱରେ ବିଚାରକ ନିଜେ ସବୁ କାଳେ
କୋଟିକୋଟି ମାୟାଛନ୍ନ ପୃଥିବୀକୁ ନିମିଷକେ ଯାଏ ଅତିକ୍ରାନ୍ତି ।।

ବିଦାୟର ପ୍ରୟୋଜନ, ପାରିବିନି ଫେରିଆଉ ମିଥ୍ୟା ଅନୁରାଗେ
ଯେଉଁମାନେ ଚିହ୍ନ ମତେ ଆଲିଙ୍ଗନ କର ଥରେ ଦୁଃଖର ଆବେଗେ ।।

॥ ତେର ॥

ନିଜକୁ ଆଇନା ଆଗେ ନିକାଞ୍ଚନେ ଦେଖୁଚି ମୁଁ
ପାଲଟିଚି ସିଗାରେଟ ଏକ
ମୋ' ଦେହେ ଲଗାଇ ନିଆଁ ଫୁଲାଫୁଲା ଶୋଷେ କିଏ
ସାରାଘର ଧୂଆଁର ମୂଳକ।
ନିଆଁ ମୋତେ ଯାଏ ଚରି ଥିରି ଥିରି,
ନିଃଶେଷ ହେଉଚି ମୁଁ ଯେ ପ୍ରତି ମୁହୂର୍ତ୍ତରେ
ବର୍ତ୍ତମାନ ପରେ ଯାହା ପଡ଼ିଥିବ ଇତଃସ୍ତତ
ପାଉଁଶର ଖଣ୍ଡ ସବୁ ଖୁବ୍ ନୀରବରେ ॥

ହଠାତ୍ ଏମିତି ଏକ ବ୍ୟକ୍ତିଗତ ସମୟରେ
ମୋ' ନିଜକୁ ମୁଁ ଖୋଜି ପାଇଲେ
ଦେଖୁଥିବି, ସିଗାରେଟ ଧୂଆଁ ହୋଇ ଘରସାରା
ତମେ ଖୁବ୍ ବୁଲ ଏଣେ ତେଣେ।
ସେ ବାସ୍ନାରେ ବିଭୋର ମୁଁ ହେଉଥିବି,
ପରକ୍ଷଣେ ହତବାକ୍ ହେବି ତୁମ ଅଦୃଶ୍ୟ ସ୍ଥିତିରେ,
ଏବଂ ପୁଣି ଖୁସି ହେବି ଜାଣିଗଲେ ଦୁଃଖ ମୋର
ମରିଛନ୍ତି ପୋଡ଼ି ହୋଇ ପାଉଁଶ ଭାବରେ ॥

ଘର ମୁଁ ଖୋଲୁଚି ଜାଣ, ଘରେ ମୋର ତମେ ଏକା,
ମୋତେ ଠେଲି ପଶିଆସେ ଝଲକା ପବନ
ହେ ମୋର ପ୍ରେମର ଧୂମ! ଜଣାଶୁଣା ବାସ୍ନା ମୋର,
ବାରମ୍ବାର କରୁଥାଅ ମୋତେ ଆଲିଙ୍ଗନ।
ପବନ ବହୁଚି ଦେଖ,
ଏଣେ ତେଣେ ଯାଏ ଉଡ଼ି ଦୂରାନ୍ତକୁ ହୋଇପୋଡ଼ି ମୋ' ଦୁଃଖ ପାଉଁଶ
ଆଲୋକିତ ଯାଏ ହୋଇ ଏ ଘରର ପ୍ରତିକୋଣ
ଯେମିତିକା ଝକମକି ଆଲୋକ ଝଲକ ॥

ତା' ପରେ ନିଃଶବ୍ଦେ ଘଟେ, ରୂପାନ୍ତର ଦେହ ମୋର
ଆଇନାରେ ସିଗାରେଟ ଭଳି
ଘନଘୋର ଦୁଃଖ ପୁଣି ବାରମ୍ବାର ଆସେ ମାଡ଼ି
ଜଳଇ ମୁଁ କୁହୁଳି କୁହୁଳି ॥

॥ ଚଉଦ ॥

ବହଳ ଅନ୍ଧାରେ ସତେ ଏ ମୁହଁର ରୂପ ଦିଶେ ବିକଳାଙ୍ଗ କେତେ
ଏ ଦେହର ଗଛ ଡାଳେ ବୟସର ଫୁଲ ଫୁଟେ ନୀରବ ଇଂଗିତେ
ଏକୁଟିଆ ଗଛଟିଏ କେଉଁ ଦମ୍ଭେ କୂଳଖିଆ ନଈର ପଠାରେ !
ନିଜେନିଜେ ଠିଆହେବା ଦୁର୍ବିସହ ଭାଙ୍ଗିପଡ଼େ ଅସହାୟତାରେ ॥

ଭାଙ୍ଗିଯିବା ଦୁଃଖ ନୁହେଁ ଆଜୀବନ ଗୋଡ଼ ଭାଙ୍ଗି ଠିଆ ହେବାଠାରୁ
ନିଜକୁ ନିଭନ କରି ବଂଚିଯିବା ବେଶୀ କଷ୍ଟ ସବୁ ଯାତନାରୁ
ମୃତ୍ୟୁର ଐତିହ୍ୟ ଅଛି, ଯାହା ପୁଣି ପରିପୂର୍ଣ୍ଣ ଜୀବନର ଜୟ
ହାରିଯିବା ବଂଚିବାର ଅନୁରୂପ ପାହାନ୍ତିଆ ତାରାର ଉତ୍ସାହ ॥

ଜୀବନର ସାର୍ଥକତା ଡଙ୍ଗା ପରି ମନ ଇଚ୍ଛା ଭାସି ଚାଲିଯିବା
ନିଜକୁ ଜଳେଇ ଦେବା, ନିଜେ ପୁଣି ଅଙ୍ଗାରରେ ଫୁଲ ଫୁଟେଇବା
ଏ ଦୁଃଖର ସାମ୍ରାଜ୍ୟରେ ନିଜେନିଜେ ହୋଇ ହୁଏ ଦୁଃଖର ସମ୍ରାଟ
ଅନାୟାସେ ନିଜର ବି କରିହୁଏ ଯେତେଯେତେ ଦୁଃଖର ପର୍ବତ ॥

ନିଜେ ଏକ ବ୍ୟକ୍ତି ସତ୍ତା, ଭଂଗାଭଂଗା କାଚ ପରି ଖଣ୍ଡିତ ଆକାଶ
ନିଜେ ଏକ ଶେଥା ହସ, ଝାଞ୍ଜି ଖରା ମଳିଚିଆ ସଂଜର ନିଃଶ୍ୱାସ ॥

କ୍ଲାସିକ୍ କାବ୍ୟର ଶାଶ୍ୱତ ଚିନ୍ତନ:
'ସମୟ ବିଷାଦ ନଈ'

ଡକ୍ଟର କୃଷ୍ଣ ବଳ

ପ୍ରାଣର ଅନ୍ତିମରେ ଉଦାସୀନ, ଅନାସକ୍ତ, ମମତାବିଦ୍ଧ, ଆଶ୍ଳେଷ- ବୋଳା ରକ୍ତିମ ଚକ୍ରବାଳ ପରିବ୍ୟାପ୍ତ ବିଷାଦକୁ ଚରମତମ ଉପଲବ୍ଧିରେ ସମାହିତ କରି ତୋଳୁଛି। କବି ସେଠି ଦର୍ଶକ, ପର୍ଯ୍ୟଟକ, ପର୍ଯ୍ୟବେକ୍ଷକ ଓ ବୀକ୍ଷଣକାର। କିନ୍ତୁ ମହାତ୍ମାଗାନ୍ଧୀଙ୍କ ଦର୍ଶକ ପରି ଅଧିକ ଏକାଗ୍ର ଓ ଏକାଗ୍ରତା ଏବଂ ସନ୍ଧାହାନର ସହ ଉପସ୍ଥିତ ନାଟକକୁ ସଂଦର୍ଶନ କରୁଛି। ସମୟ ବହି ଚାଲିଛି ଏବଂ ସମୟର ଏକ ଉଜାଣିରେ ସମଗ୍ର ମନସତ୍ତା ଛାଇ ହୋଇଯାଉଛି ଜୀବନର ପରିପୂର୍ଣ୍ଣ ଅଧିତ୍ୟକାରେ।- ଉପସଂହାରର ଯତିପାତ ସେଇମନ୍ତେ-

'ଆହା, କେତେ ନିରୀମାଖି ଏ ସମୟ
ନଈ ପରି,
ଆହା କି ବିଷାଦ ସାରା ବସୁନ୍ଧରା ଯାଉଅଛି ଛାଇ
ଗୌତମୀର ପ୍ରେମ, ସ୍ମୃତି, ଇତିହାସ, ଉତ୍ତରଣ
ବହୁଅଛି କାହାଣୀର ଛିନ୍ନ ପୃଷ୍ଠା ହୋଇ,
ବିଷାଦରେ ଭାସମାନ ଏ ସମୟ
ବହିଯାଏ ବିଷାଦରେ ସମୟର ନଈ।'

ନାଏପଲ୍ ତାଙ୍କର ନୋବେଲ ଅଭିଭାଷଣର ଉଦ୍‌ଯାପନ ପର୍ବରେ ଭାବନାୟକ ମାର୍ସେଲ୍ ପ୍ରାଉଷ୍ଟଙ୍କର ଗହୀର, ଚେତଭେଦୀ, ତାତ୍ପର୍ଯ୍ୟକ, ଅନ୍ତର୍ଦୃଷ୍ଟି ସମ୍ବଳିତ ଉପଲବ୍ଧିକୁ ଉଦ୍ଧାର କରନ୍ତି ଯେଉଁଠି ପ୍ରତିଭାକୁ ସ୍ମୃତିର ସମ୍ଭାର ବୋଲି ବିବେଚନା କରାଯାଏ। ସଂଗୀତର ଦରବିସ୍ମୃତ ଭଗ୍ନାଂଶ ଖଣ୍ଡେ ଖଣ୍ଡେ ସ୍ରଷ୍ଟାର ମନ ଅଗଣାରେ ମହକି ଉଠେ ଏବଂ ସମଗ୍ର ରାଗର ବୃହତ୍ତର ବଳୟ ମନ ଭିତରୁ ଖସିଯାଏ। ସ୍ମୃତିର ଆଲୋଡ଼ନରେ ସେଇ ରହସ୍ୟ- ଆଲୋକିତ, ଛାୟା-ଢଙ୍କା ଅପରାହ୍ଣ ଶୈଳୀର ପରିପକ୍ୱ,

ପରିପୂର୍ଣ୍ଣ, ଚେତନା- ସମୁଦିତ ରୈଖିକ ଆଲେଖ୍ୟକୁ ଯେଉଁ ସ୍ରଷ୍ଟା ଧରିପାରେ ସେ ହିଁ ଅମୃତଫଳକ ରଚିପାରେ। କବି ସମଗ୍ର ବିଷାଦରେ ଦାର୍ଶନିକ ସାନ୍ତାୟନଙ୍କ ସ୍ୱପ୍ନ ଓ ବାସ୍ତବକୁ ସ୍ତବକ ଘେନିଛନ୍ତି। ଏକଧରଣର ଅସଂଲଗ୍ନ ନିଷ୍ଠାରେ ସାରା ସତ୍ତା ସ୍ମୃତି-ସତ୍ତା- ଭବିଷ୍ୟକୁ ବିଷ୍ଣୁଦେଙ୍କର ଅବିସ୍ମରଣୀୟ ସମ୍ବାଦରେ ପୋଛିନେଉଛି। ଏ ବିଷାଦର ରୂପ କେମିତି ? ଆମେରିକାର ପ୍ରବୀଣ କଳ୍ପନାରାଜର୍ଷିଙ୍କର ଅମୋଘ ଅବ୍ୟୟରେ ଆମେ ଆବିଷ୍କାର କରିବା-

'He is not here, the old sun,
As absent as if we were asleep.
The field is frozen. The leaves are dry.
Bad is final is this light.
In this bleak air the broken stalks
Have arms without hands, xxx
They have heads in which a captive cry
Is merely the moving of a tongue.
Snow sparkles like eyesight falling to earth,
Like seeing fallen brightly away.
The leaves hop, scraping on the ground.'

କେତେ କାଳାନ୍ତରର ଅବସାନ ପର୍ବରେ, କେତେ ଯୁଗାନ୍ତରର ସମାପନ କ୍ରିୟାରେ, କେତେ ସମୟାନ୍ତରର ଉଦ୍‌ଯାପନ ନିଷ୍ଠାରେ, କେତେ ନିଶାନ୍ତର ଅଂଶୁମାଳୀ ବିଚ୍ଛୁରିତ ହେବାପରେ, କେତେ ଶଶାଙ୍କର ବଙ୍କିମ ସୁପ୍ତିର ଶୟନାନ୍ତ ବାରିରେ ଏ ଉପଲବ୍ଧି ଆସିଛି। ଏବଂ ଏ ଅନୁଭବର ଆଙ୍ଗିକ ଓ ଆତ୍ମିକ ଅଙ୍ଗସଜ୍ଜା ଓ ଭଙ୍ଗିମା କେମିତି ? କବିତା ସେଇଠି ସୃଷ୍ଟି ହୁଏ ଯେଉଁଠି କବିର ଦରଦ, ସ୍ନିଗ୍ଧ ଆତପ ତଳେ କାକକୃଷ୍ଣ ଆସ୍‌ଫାଲ୍‌ଟ ତରଳିପଡ଼େ। ଏବଂ ସେ ଗୀତ ସାର୍ବଜନୀନ ତାତ୍‌କାଳିକ ହେଲେ ବି ଏ ଶୋକ, ଏ ସଂବେଦନା ପାହାଡ଼ ପରି ବୟଃହୀନ, ଋତୁଶୂନ୍ୟ। କେଉଁ ଆଦିମରୁ ପ୍ରବାହିଣୀ ପରି ସିଏ ବହିଚାଲିଛି ମାନବୀୟ କଳ୍ପନାର କକ୍ଷ, କପାଳ ଓ ସୁଠାମ ଲପନ ଧୋଇ ଧୋଇ। କବିତା ସେଇ ଅଶ୍ରୁକୁ ସଂଯତକରେ ସୁରେନ୍ଦ୍ର ମହାନ୍ତିଙ୍କ ରେଖା ସଂଯମରେ ଚିତ୍ରର ଉନ୍ମେଷ, ନବୋନ୍ମେଷ ପରି। ନିଜ ବଳୟରୁ ନିଷ୍କୃତି ଚାହେଁ କବି ଜୀବନର ଛନ୍ଦ ମାଧ୍ୟମରେ। କବିଙ୍କ ମୃତ୍ୟୁ ବଡ଼ ନଗଣ୍ୟ। ସେ ନିଜେ ଏହା ଜାଣନ୍ତି। ଏହା ହିଁ ତାଙ୍କୁ ଶୋକ ଜର୍ଜରିତ କରିଛି। ଅଥଚ ମୃତ୍ୟୁ ବ୍ୟତୀତ ଜୀବନ

ମଧ୍ୟ ଅଭାବନୀୟ। କେବଳ ରହିଯିବ କବିତାର, ଯମକର, ଯତିପାତର ରୂପ-ରାଗ-ରସ-ରାସଲୀଳା। ସେଇ କବିତାର ଭିଜନ୍‌ରେ କବି କହିବେ-

'xxx ଏ ସୃଷ୍ଟିରେ ଆମ ପାଇଁ
ଏ ଜନ୍ମରେ ଆଉ କିଛି ନାହିଁ।'

ଆଶା ଅଛି ପୁନର୍ଜନ୍ମର ଆଟୋପରେ ମୃତ୍ୟୁକୁ ସେ ଲଂଘିବେ। ହେଲେ ମୁହୁର୍ମୁହୁ ସେଇ "ନିଝୁମ୍ ନିଝୁମ୍" ଭାବ- ସନ୍ଦେଶ ତାଙ୍କୁ ବ୍ୟତିବ୍ୟସ୍ତ କରିପକେଇଛି। ପ୍ରେମର ଅସ୍ତି ମଧ୍ୟରେ ସିଏ ପ୍ରେମର ଉଦ୍‌ଯାପନ ଏବଂ ଉପୋଦ୍‌ଘାତ ଉଭୟ ଖୋଜି ଲୋଡ଼ନ୍ତି। ବିଭିନ୍ନ ତୀର୍ଯ୍ୟକ୍, ଅତିଶୟୋକ୍ତି- ବିକ୍ରୀଡ଼ିତ ଜୀବନ ଦୋଳିରେ ସମଗ୍ର ଛାନ୍ଦମାନେ ଆନମନା ହୋଇପଡ଼ନ୍ତି। ରୋମାଣ୍ଟିକ୍‌ରୁ ଆଧୁନିକ ଜୀବନ ସତ୍ତା ଯାବତ୍ ଏ କଳ୍ପନା ତଥାଚ ବଞ୍ଚିବା ପାଖେ ଆନୁଗତ୍ୟ ମାଗେ-

'କାହିଁକି ଲାଗୁଛି ମାୟା ଗୌତମୀରେ,
ଆଉ କିଛି ବାଟ ଚାଲିବାକୁ !!'

ଆଲୁଅ ଏବଂ ଅନ୍ଧାରର ଏଇ ବର୍ଣ୍ଣ ଚିତ୍ର ମଧ୍ୟରେ କେତେବେଳେ ଶୂନ୍ୟତା (ଶୂନ୍ୟତା ବିସ୍ତରିଯାଏ), କେତେବେଳେ ପୁଣି 'ଯମୁନାର ଉତ୍ତରଳ ଜଳ' ସବୁ ଅସ୍ପଷ୍ଟ, ଅସ୍ଥିର, ପ୍ରକମ୍ପନଶୀଳ, ଦୋଦୁଲ୍ୟମାନ, ଆନ୍ଦୋଳନ- ଗର୍ଭୀ। ଆଧୁନିକତାର 'ଜୀବନ୍ତ ମରଣ'। ଶଙ୍କରଙ୍କ ଦର୍ଶନର ମାୟାରେ ସବୁ ଇମେଜ ନିଃଶେଷିତ ହୋଇପଡୁଛି। ସେଇଥିରୁ ବଞ୍ଚିବାକୁ ସେ ଚେଷ୍ଟା କରିବେ ଏଲିୟଟ୍‌ଙ୍କ "Death- in- life" ରୁ ଶଂସିତ ବାର୍ତ୍ତାର୍ଦ୍ଧ ନେଇ। ସ୍ପେଣ୍ଡରଙ୍କ ଆଲୋକର ଶ୍ରେଣୀସର୍ଜନା ମନେପଡ଼ିବ-

'To breach out of the chaos of my darkness
Into a lucid day in all my will.
My words like eyes in night, stare to reach
A centre for their light: and my acts thrown
To distant places by impatient violence
Yet lock together to mould a path of stone
Out of my darkness into a lucid day.'

ସବୁ ନେତିବୋଧ, ଜ୍ଞାନର୍ଥକବୋଧ, ଶୂନ୍ୟତା, ନିରାଶା ଓ ସ୍ୱପ୍ନଭଂଗ ଗହଣରୁ ଆଲୋକକୁ ସେ ବାର୍ତ୍ତା ପ୍ରେରଣ କରୁଛନ୍ତି। ବଡ଼ ଶକ୍ତିଶାଳୀ ଇମେଜ୍‌ରେ ଏହାର ସଜ୍ଜୀକରଣ-

'ଏ କୃଷ୍ଣ ସାଗର ପରି ଅନ୍ଧକାର ତରଳୁଛି
ଜ୍ୱଳନରେ ଜଳିଜଳି ଝରିଯିବା ପାଇଁ
ଏ ମାୟା ରଚିତ ସୃଷ୍ଟି ଖଣ୍ଡଖଣ୍ଡ ଭାଙ୍ଗିପଡ଼େ
କାମନାର ଉଷ୍ମ ଧାସ ପାଇ।'

'ମାୟା'ରୁ ବାସ୍ତବକୁ ଏଇ ଅଭିଯାତ୍ରାର ଆୟୋଜନ। ପ୍ରେମ ହିଁ ଅବିନଶ୍ୱର ତା'ର ଗୋଟିଏ ମୁହୂର୍ତ୍ତକୁ ଜୀବନ୍ତ, ଶାଶ୍ୱତ, ବର୍ଣ୍ଣିଳ, ରୂପଶ୍ରୀ କରି। ସମୟ ସବୁକୁ ସାରିଦେବ, ବିଲୟ ଘଟେଇବ ହେଲେ ଏଇ ପ୍ରେମ ଜୀଇ ରହିବ। ତା'ପରେ ଆତ୍ମିକ ଆଶା, ଅଭୀପ୍ସା, ଆକାଂକ୍ଷା, ସମ୍ଭାବନାର ଇତିବୃତ୍ତ। ଋତୁ ଅନ୍ତେ ମଧୁ ଋତୁରାଟ ଅବତରି ଆସିବ ଧରାବକ୍ଷକୁ। ପୁଣିଥରେ ନବୋନ୍ମେଷର ନବ ଐତିହ୍ୟ ଆକଳିତ ହେବ। ଏ ବିନାଶ ଯଥେଷ୍ଟ ନୁହେଁ। ଏହାର ପରେ ଯେଉଁ ଅନ୍ତହୀନ ବିଳାସ ଉଙ୍କିମାରୁଛି ତାହା ହିଁ ଅସଲ ଚଣ୍ଡାଂଶୁ- ତାହାର ନାଭିକେନ୍ଦ୍ରରେ ଦ୍ୟୁତି ଢାଳି ଢାଳି ଯିବ। ଅତଏବ କବି ଆଶା ହତାଶାର ଦୋଳିରେ ଝୁଲିଝୁଲି ସମୟ ଉପରେ ଭରସା କରୁଛନ୍ତି। ସମୟ ହିଁ ସତ୍ତା, ସ୍ରଷ୍ଟା ଏବଂ ବିନାଶକ। ଇନ୍ଦ୍ରିୟ- ବହୁଳ ସମାସ ମଧ୍ୟରୁ କବି ଚାହୁଁଛନ୍ତି ଅତୀନ୍ଦ୍ରିୟ ରାଇଜରେ ବିଚରଣ କରିବାକୁ। ସତେ ଯେମିତି ଗୀତାର ବିଶ୍ୱରୂପ ଦର୍ଶନର ଅଭିବ୍ୟକ୍ତି ସେ ଲୋଡ଼ନ୍ତି। ଯେଉଁଠି ନିର୍ମାଣ ଓ ଧ୍ୱଂସ ଏକାକାର ହୋଇଯିବ, ଉତ୍‌ଥାନ ଓ ପତନ ନିର୍ବାଣ ଲାଭ କରିବ। ଭଗ୍ନାଂଶ ଇମେଜ୍ ପୂର୍ଣ୍ଣତାକୁ ଖୋଜୁଛି, ପରିପୂର୍ଣ୍ଣତାର ଅନ୍ୱେଷାରେ ନିରତିଶୟ ବ୍ୟାପୃତ। ସେଇ ତୀବ୍ରତା ଓ ଉଷ୍ମତା ନେଇ କବିତା ଲୋଡ଼ୁଛି ଆଲୋକର, ରଶ୍ମିର, ତେଜସ୍କ୍ରିୟର ସ୍ପର୍ଶ। ମନେହେବ କବି ଭ୍ରମ, ଭ୍ରାନ୍ତି ଓ ପ୍ରବଞ୍ଚନାରେ ମ୍ରିୟମାଣ ହୋଇ ପଡ଼ୁଛନ୍ତି। ତା'ରି ମଧ୍ୟରେ ଆଲୋକ ଆସୁଛି, ମୁକ୍ତି ଆସୁଛି। ଆଗମନ ଓ ପ୍ରତ୍ୟାଗମନର ମଧ୍ୟବର୍ତ୍ତୀ ରେଖାଙ୍କନ ମଧ୍ୟରେ କବିତା ଅସ୍ତବ୍ୟସ୍ତ-

'Yet, equally, to avoid that Lucid day
And to preserve my darkness, is all my will.
My words like eyes that flinch from light, refuse
And shut upon obscurity; my acts
Cast to their opposites by impatient violence
Breach up the sequent path; they fly
On a circumference to avoid the centre.'

(Spender- 'Darkness and light')

ଜୀବନ ଓ ଦହଗଞ୍ଜ ମଧ୍ୟରେ କବିତାର ଏଇ ଅନୁଚ୍ଛେଦମାନେ ବାଣ୍ଟି

ହୋଇପଡ଼ିଛନ୍ତି। ତଥାପି ମନେହେବ- କବି ଏଇ ନିରାଶାର ଛନ୍ଦମାନଙ୍କ ପାଖେ ଅନୁଗତ। ସେ ଜୀବନକୁ ଭଲପାଆନ୍ତି। ତେଣୁ ଜୀବନର ସ୍ୱପ୍ନଭଙ୍ଗ ଓ ନିରାଶାମାନଙ୍କୁ କେମିତି ବା ପରିହାର କରନ୍ତେ? ତେଣୁ ଏହା ହେଉଛି ଏକ ଯୌଗିକ ଚେତନା, ଯାହାର ଅନୁପ୍ରେରଣାକୁ ନେଇ କଳ୍ପନା ଏଇ ସୃଷ୍ଟିକୁ ସର୍ଜନା କରୁଛି। କବି ନାୟିକାଙ୍କୁ ଅପେକ୍ଷା କରି ବସିଛନ୍ତି ସମୟ- ସରିତ- ଧାରେ। ଏଇ ପ୍ରେମର ପ୍ରତୀକ୍ଷା ଆଦ୍ୟସ୍ତବକମାନଙ୍କରେ ଏକ ରୋମାଣ୍ଟିକ୍ ଅନୁପ୍ରାସ ସୃଷ୍ଟି କରିଛି। ଏଇ ପ୍ରେମରୁ ନିରାଶା ଓ ନାସ୍ତିବାଚକ ନେଇ ସିଏ ପହଞ୍ଚିବେ ଜୀବନର ଚିରନ୍ତନ ତାତ୍ପର୍ଯ୍ୟ ବିଷାଦରେ। ଜୀବନରେ ବିଷାଦ ହିଁ ସତ, ବାସ୍ତବ, ଅବିକଳ ରୂପ। ସେଇଠି ହିଁ କାବ୍ୟର ଶେଷ ଉପଲବ୍ଧନ। ବିଷଣ୍ଣ, ଶୀର୍ଣ୍ଣ, ଅବସନ୍ନ ବଞ୍ଚିବାକୁ ନେଇ ବିଷାଦ ପାଖରେ ପହଞ୍ଚିବାକୁ ହେବ। ଏହା ହିଁ ସମ୍ୟକ ବକ୍ତବ୍ୟ। ପ୍ରେମ ମାଧ୍ୟମରେ କବିତାର ଯମକ ଏଇ ବିଷାଦ ପାଖେ ପହଞ୍ଚୁଛି। କବି ରୋମାଣ୍ଟିକ୍‌ରୁ ଋତ୍ୱିକ୍ ପାଲଟିବାକୁ ଚେଷ୍ଟା କରୁଛନ୍ତି। ପ୍ରେମିକାର ସନ୍ନିଧିରେ କାମନା କରୁଛନ୍ତି ପରିପୂର୍ଣ୍ଣତାର, ତୃପ୍ତିର, ସାମ୍ରାଜ୍ୟର, ବିକାଶର, ଅଭ୍ୟୁଦୟର, ଅଭିବ୍ୟକ୍ତିର ସ୍ୱପ୍ନ ଦେଖିବାବେଳେ। ଦାର୍ଶନିକ ସାନ୍ତାୟନ ଜୀବନ ଓ ବଞ୍ଚିବାର ମର୍ମ ଆଲୋଡ଼ନ କରିଛନ୍ତି ତାଙ୍କର ମହତ୍ତର ଉଚ୍ଚାରଣରେ-

"What is the part of wisdom?" he ashs and answers- "to dream with one eye open; to be detached from the world without being hostile to it; to welcome fugitive beauties and pity fugitive sufferings; without forgetting for a moment how fugitive they are."

ଆମ କବି ଅଭିଳଷିତ, ଈପ୍ସିତ, ଆକାଂକ୍ଷିତ, ବାଞ୍ଛିତ, ନନ୍ଦିତ, ପ୍ରେମର ପ୍ରତୀକ୍ଷାରୁ ଜୀବନ ସତ୍ତାର ଅବିସ୍ମରଣୀୟ, ବିଷାଦ ଓ ଉଦାସୀପଣରେ ପହଞ୍ଚିଛନ୍ତି। ଏଇ ଉଦାସୀରେ ଅମୃତ ରହିଛି। ସ୍ୱପ୍ନ, ଅପେକ୍ଷା ଓ କଳ୍ପନା ମଧ୍ୟରେ ସେ ଅନୁରାଗର ପହେଲି ଖୋଜୁଛନ୍ତି। ଜୀବନକୁ ବହୁ ନିକଟରୁ, ବହୁ, ନିକାଞ୍ଚନରୁ, ବହୁ ଶୂନ୍ୟତାରୁ ସେ ନିରଖି ଦେଖିବାକୁ ଚାହୁଁଛନ୍ତି। ପ୍ରେମ ହିଁ ତାଙ୍କପାଇଁ ଜୀବନର ଅନବଦ୍ୟ ପାଖୁଡ଼ା ମେଲିପାରିବ ସହସ୍ରାଂଶୁର କିରଣ- ଜାଲରେ କୁମୁଦିନୀ ତା'ର ଢଳଢଳ ପାଖୁଡ଼ା ଖୋଲିଲାପରି। ତଥାପି କଷ୍ଟ ରହିଛି, ବେଦନା ରହିଛି, ଆହତ ଆଙ୍ଗୁଠିର ପେଲବ ପରଶ ରହିଛି। କିନ୍ତୁ ଏସବୁ ଏକଦମ୍ ଅଳୀକ, ଭଙ୍ଗୁର। ସେ ଦିନେ ବିଶ୍ୱର ଅମୃତ୍ୟୁ ପାଖେ ପହଞ୍ଚିବେ ଏବଂ ଜୀବନରେ ନୂଆ ସତ୍ୟର ଉଦ୍‌ଘାଟନ କରିବେ। ତା'ର ଚିଠି କବିତାପରି। ଅପରିଚିତ, ଅଶବ୍ଦ, ଅପାଂକ୍ତେୟ, ଅବ୍ୟକ୍ତକୁ ପରିସୀମା ଓ ସରହଦ ଓ

ଆୟତନ ଆଙ୍କୁଛି । କବିତାର ଇମେଜ୍ ପରି । କବିତାର ଏଇ ସ୍ତବକମାନଙ୍କରେ ଇମେଜ୍ ଓ ଭାବନିଗଡ଼ ଏକାଠି ହେଉଛନ୍ତି । ଚିଠିର କଅଁଳ କିଶଳୟରେ ଭାବ ଓ ସତ୍ତା, ସ୍ନିଗ୍ଧ ଏବଂ ରୁକ୍ଷ ବକ୍ଷପାତି ଆଶ୍ଳେଷରେ ଆବଦ୍ଧ । କବିତାର ଆତ୍ମା ବି ସେଇପରି । କବିତା ଓ ପ୍ରେମ ଓ ପ୍ରେମିକାର ଭାଷା ସମୀକରଣ ପାଇଁ ଅନେଇଛନ୍ତି । ଶବ୍ଦମାନେ ନୂଆ ଅବୟବ ପରିଗ୍ରହ ଲାଭ କରୁଛନ୍ତି ଏଇ ଚିଠିର ବିଷାଦରେ- ଯେଉଁ ଲମ୍ବା, ବିସ୍ତୀର୍ଣ୍ଣ ଉଦାସୀ ଓ ଅନାସକ୍ତ ନାରୀକେଳର ଶାରଦୀୟ ସନ୍ଧ୍ୟା ଚାମର ଛାୟାପରି ଲମ୍ବିଲମ୍ବିଯାଉଛି । ସମଗ୍ର କାବ୍ୟଟି ଶୋକର ସୀମାହୀନ ଶରସଜ୍ଜା ମଧ୍ୟରେ ସମାବୃତ ହୋଇପଡୁଛି । ନେରୁଦାଙ୍କ ପ୍ରତିଧ୍ୱନି- ସର୍ଜିତ ରୂପ-ସ୍ୱପ୍ରତୀକ ଓ ରୂପକଳ୍ପ ଏଇ ଭାବଗୁଚ୍ଛକୁ ଅଧିକ ଲମ୍ବେଇ ଦେଉଛି-
To night I can write the saddest lines. Write, for example, 'The night is starry and the starts are blue and shiver in the distance.'

ଏ ପ୍ରେମର ଭାଷା ଅଜବ । ଅତୀବ ନମନୀୟ ଅଥଚ ଅସ୍ପୃଶ୍ୟ । ତାଙ୍କର ସମଗ୍ର ପରିଚୟକୁ ଏହା ଘାଣ୍ଟିଚକଟି ପକାଉଛି । ୟେଟ୍‌ସ ତାଙ୍କର ଉଚ୍ଚତମ ଉଚ୍ଚାଟରେ କବିତାକୁ ଅନୁସୃଜନ କରିଛନ୍ତି-

"Poetry is a combination of blood, imagination and intellect."

ମାନବୀୟ ଆତ୍ମାଭିତରକୁ ଇସ୍ପାତ ପଶିଆସୁଛି । ଆଧୁନିକ ଯୁଗବ୍ୟଥାର ଉତ୍ତପ୍ତ ପ୍ରଶ୍ୱାସ ଜୀବନର ପ୍ରଶାନ୍ତିକୁ ବିଘ୍ନିତ କରୁଛି । ଏଣେ ପ୍ରାବୃଟର ନଈ ପ୍ଳାବନରେ ରସାକୁ ଉତ୍ପାଟିତ କରୁଛି । ମୌଳିକ ଷଡ଼ସତ୍ତା ସହ, ପ୍ରକୃତି ଓ ପରିବେଶ ଏବଂ ପର୍ଯ୍ୟାବରଣ ସଂଲଗ୍ନରେ କବିତା ଦଶଦିଗକୁ ପ୍ରକ୍ଷେପଣ କରୁଛି । ଏଲିୟଟ୍‌ଙ୍କ ପର୍ଯ୍ୟାପ୍ତ, ମହାର୍ହ, ବହୁଳ ନଦୀରୂପକ ସେଇ ଜାତିର ଅନୁଭାବକୁ ବିମ୍ବିତ କରଇ-

"I do not know much about gods; but I think that the river
Is a strong brown god- sullen, untamed and intractable,
Patient to some degree, at first recognised as a frontier;

XXX

His rhythm was present in the nusery bedroom,
In the rank ailanthus of the April dooryard
In the smell of grapes on the autumn table
And the evening circle in the winter gaslight."

'ଆଉଟା ଲୁହା' ଏବଂ 'ପାଣି', 'ନଈ' ଭଳି ମୌଳିକ ପ୍ରତୀକମାନଙ୍କୁ ଆହୁରି ପର୍ଯ୍ୟାପ୍ତ ଅଧିକରଣ ଦେଇଥିଲେ ସ୍ୱପ୍ନ ଏବଂ କଳ୍ପନାର ରଞ୍ଜନ ଆହୁରି

ପ୍ରସାରଶୀଳ ହୋଇ ପାରିଥାଆନ୍ତା ହୁଏତ। ଆଧୁନିକ ଭଗ୍ନଛନ୍ଦରେ ଆଙ୍ଗିକ କେବଳ ସ୍ପର୍ଶକରେ ଘୂରିବୁଲୁଛି। ଚିଠି ହେଉଛି 'ଅନନ୍ତର କ୍ରମିକ ପ୍ରବାହ।' ବିଭିନ୍ନ ସମ୍ପାତରେ ଅବିରତ ଝରଣାର ପ୍ରପାତ ପରି ସ୍ତବକମାନେ ଗୋଟିକରୁ ଅନ୍ୟଟିକକ ପାଖକୁ ଡେଇଁ ବୁଲୁଛନ୍ତି। ତେଣୁ ନାୟିକାର ଚିଠି ଶ୍ରେୟତମ, ଶ୍ରେଷ୍ଠତମ, ଶୀର୍ଷତମ କବିତାଟିଏ। ଶବ୍ଦ ହିଁ ସତ୍ତା, ଆସ୍ତିକ, ଅନୁଭବ, ଅନୁମାନ, ଅଭିବ୍ୟକ୍ତି, ଅଭିରଂଜନ, ଅନୁଶୀଳନ, ଅନୁକୃତୀର ଆତ୍ମା। ଗୌତମୀର ଶବ୍ଦରେ କବି ନୂଆନୂଆ ଭାବକଳ୍ପ, ରୂପକଳ୍ପ, ଚିତ୍ରକଳ୍ପ, ମନୋକଳ୍ପ, ଚିତ୍ତକଳ୍ପ ସନ୍ଧାନ କରୁଛନ୍ତି। ସେ ହିଁ ତାଙ୍କ ସର୍ଜନାର ପ୍ରେରଣା, ସନ୍ଦେଶ, ଅବକାଶ ଓ ଅଭିବୃଦ୍ଧି। ଶବ୍ଦ ଅର୍ଥ ଓ ମାନେ ଓ ତର୍ଜମା ଓ ଅନ୍ୱୟ ଏବଂ ଅବ୍ୟୟ, ଦ୍ୱନ୍ଦ୍ୱ, ବହୁବ୍ରିହୀ, କର୍ମଧାରୟ ଅର୍ପଣ କରୁଛି ଅଥଚ ସେଇ ଶବ୍ଦକୁ କବି ପୂରା ବୁଝିବେନି, ବୁଝିପାରିବେନି। ଅର୍ଦ୍ଧେକ ଶଶଲାଞ୍ଛନ ପରି ଭାବ ମିତବ୍ୟକ୍ତ ହେବ, ଅଧା ଅନ୍ଧାର, ଛାଇ ଏବଂ ରଶ୍ମିର ଜାଲକରେ ବାନ୍ଧିହୋଇ ରହିବ, ଗହୀର ଅମାର ରହସ୍ୟ ପରି, ଘନ ଆସ୍ତରର କୁହେଳି ପରି ଆବୃତ କରି ରଖିବ। ସବୁ ସ୍ୱଷ୍ଟ ଓ ତରଳ ହେବନି। ସ୍ଫଟୀକର ଘନତ୍ୱ ମାଡ଼ି ଆସୁଛି ତାଙ୍କ କବିତାକୁ। ଗୌତମୀର କବିତାକୁ ନେଇ କବିଙ୍କ କବିତା ଉତ୍ସରିତ। କବିତା ମଧ୍ୟରେ କବିତା। କବିତାର ଆରମ୍ଭରେ, ଅନ୍ତରେ, ଭିତରେ କବିତା। ପ୍ରକାରାନ୍ତରରେ ଗୌତମୀର ପ୍ରେମ ବି ସେଇମିତି ଅସ୍ୱଷ୍ଟ, ଅବିଶଦ ଛାୟାପଥର ଜାଲଜାଲୁଆ ପରି ନ୍ୟସ୍ତ, ଅବିନ୍ୟସ୍ତ। ଏଲିୟଟ୍‌ଙ୍କ ଶବ୍ଦ- ରାଗ ଆଡ଼କୁ ଏଇ ଦରବୁଝା, ପ୍ରାୟ ଅବୁଝା ଶବ୍ଦର ପରିଗମନ-

> "Wards move, music moves
> Only in time; but that which is only living
> Can only die. Words, after speech, reach
> Into the silence."

ଆମ କବିଙ୍କ ସମାନ୍ତର ବିକ୍ଷେପଣ ସମଗ୍ର କାବ୍ୟ- ପ୍ରକରଣକୁ ନିଜ ଅନ୍ତଃସ୍ଥରେ ଗ୍ରାହ୍ୟ କରିନେଉଛି। ତଥାପି ଅବନୀ ଏତେ ନୂଆ ସକାଳର ନୂଆ ଦ୍ୱନ୍ଦ୍ୱରେ ମୁଖରିତ ସେ ଭାବି ପାରୁନି। ସେଠି ଶବ୍ଦ କବିତା ଆଣୁଥିଲା। ଏଠି କବିତା ଶବ୍ଦ ସୃଷ୍ଟି କରୁଛି-

> "ପ୍ରତିଟି ଅକ୍ଷରେ ତୋ'ର ନୂଆ ନୂଆ ଇତିହାସ
> ପ୍ରତିଟି ଶବ୍ଦରେ ତୋ'ର କୋଟିକୋଟି ପୃଥିବୀ ବିଲୀନ
> ଶବ୍ଦର ଭାବରେ ପୁଣି ଏତେ ନୂଆ ସ୍ୱପ୍ନ ଥାଏ
> ଶବ୍ଦଟିଏ ଏ ବିଶ୍ୱର ନୂଆ ଅଭିଧାନ।"

ଏହା ହିଁ କବିତାର ପ୍ରତିଶବ୍ଦ- ପ୍ରତିସ୍ୱର। କଳ୍ପନାର ମଣୋହିରେ ଶବ୍ଦକୁ

ନେଇ ନୂଆ ସମ୍ଭାରପାଖେ ସନ୍ତର୍ପଣ ତୋଳୁଛନ୍ତି କବି। ସେ ସବୁ ଗୌତମୀଠୁଁ ଉଧାର ନେଇଛି କବିତା। ତା'ରି ଶବ୍ଦକୁ ନେଇ କବି କବିତା ରଚୁଛି। ସତେ ଯେପରି ଗୀତାର ବିଶ୍ୱଦର୍ଶନ ପାଖେ ସେ ବର୍ତ୍ତମାନ। ଗୌତମୀର ବିନା ବର୍ତ୍ତମାନରେ ସାରା ଦୁନିଆ ଜୀର୍ଣ୍ଣ, ଶୀର୍ଣ୍ଣ, ବିବର୍ଣ୍ଣ ବସୁଧାରେ ରୂପାନ୍ତରିତ ହେଉଛି। ଗୌତମୀ ସେଇ ସ୍ୱର୍ଗର ଜାହ୍ନବୀ। ତା'ର ପରଶରେ ସମଗ୍ର ବସୁନ୍ଧରା ସବୁଜଶ୍ରୀରେ ମଣ୍ଡିତ ହେବ, ଶ୍ୟାମଳା ଧରଣୀର ଚଞ୍ଚଳ ଜୀବନ ନ୍ୟାୟରେ ପ୍ରବାହିତ ହେବ। ମୃତ୍ୟୁ ଅମୃତରେ ପାଲଟିବ। ମୃତ୍ୟୁକୁ ମୁକାବିଲା କରିବେ କବି। ଏ ପ୍ରେମର ବୃତ୍ତାନ୍ତ। ଗୌତମୀର ଅନୁରାଗ ସବୁକୁ ସ୍ୱଚ୍ଛଳ କରିବ। ସେ ହିଁ ଋତୁଚକ୍ର ଆଣିବ। ପ୍ରାବୃଟର ଅସୀମ ସମ୍ବୋଧନ ବାଢ଼ିବ। ଗୌତମୀ ଏଲିୟଟ୍‌ଙ୍କ 'ମ୍ୟାରିନା' ପରି ଏକ ଅଧ୍ୟାତ୍ମ- ସତ୍ତାର ବିଭୁ ଉପସ୍ଥିତି ଭଳି। ଏଠି ମଧୁସୂଦନଙ୍କ ଋଷି ପ୍ରାଣରେ ଦେବାବତରଣ ଘଟୁଛି। ଗୌତମୀର ବେଉରାରେ, ସମ୍ବାଦରେ, କଥନରେ, ସମାଚାରରେ ଅରୁଣାସ୍ମିର ତୋରଣ ଖୋଲିଯାଉଛି ଯହିଁ କବିତାର ଅନ୍ତର ସରସୀରେ ସହସ୍ରଦଳ ତାମରସ ଉନ୍ମୋଚନ କରୁଛି ନିଜର ଶ୍ରୀ ଓ ସୌରଭ। ତେଣୁ ଆଦ୍ୟାଶକ୍ତିର, ମା'ର ମହିମ୍ନରେ ଗୌତମୀର ଅବତାର ଉଜ୍ଜ୍ୱଳ। ଏଣେ ଆଧ୍ୟାତ୍ମିକ ବର୍ତ୍ତମାନରେ କବିତା ଫୁଟିବ। କବି ଏହାକୁ ଖୋଜୁଛନ୍ତି ଦିଗନ୍ତରୁ ଦିଗନ୍ତଯାକେ। ସେଇ ଅମୃତର ସ୍ପର୍ଶରେ ମର୍ତ୍ତ୍ୟ ହେବ ସିନ୍ଦୂରିତ, ଅପରୂପ ଅନମନୀୟ ମଞ୍ଜୁଳରେ ହେବ ଦୀର୍ଘାୟିତ। ପୁଣି ଗୌତମୀ ହିଁ କବିତାର ପ୍ରେରଣା, 'କାବ୍ୟକଳା ଠାକୁରାଣୀ କବି- ଜନନୀ'। ସୃଜନୀରେ ପୁଣି ସହସ୍ର ପୃଥିବୀ ବିଲୀନ ହେଉଛି। ପ୍ରାଚ୍ୟ ଅଭ୍ୟୁଦୟ, ଅନୁସୂଚନା ସାଥେ ସଂଲଗ୍ନ ରହିଛି ସୂଚନା ଏବଂ ପ୍ରସଙ୍ଗ ଏବଂ ପ୍ରାସଙ୍ଗିକତା ଓ ପ୍ରଚୋଦନାରେ ପଶ୍ଚିମର ଅଧ୍ୟାତ୍ମ- ଉପଲବ୍‌ଧନ ମ୍ୟାରିନାର ଇମେଜ୍। ସବୁ ରୂପକଳ୍ପ ସେଇଠି ସମବେତ, ସମୀକୃତ, ସବୁରି ଉପରେ ସଂଭୂଷିତ। ସାରା ଧୂସର, ବିଷଣ୍ଣ, ଅବସନ୍ନ ବ୍ରହ୍ମାଣ୍ଡ ନୂଆ ସୃଜନୀରେ ଏବଂ ନୂଆ ରସରେ ସଂଭବିତ ହେବ। ସୃଜନୀ ଏବଂ ସୃଷ୍ଟି ଏବଂ କବିତା ଓ ପ୍ରେମ ପୃଥିବୀ, ପ୍ରଳୟକୁ ପରିସୂଚିତ, ଅନୁସୂଚିତ କରୁଛି। ଏଲିୟଟ୍‌ଙ୍କ ପ୍ରାଣବନ୍ତ ପୁଷ୍କଳରେ ସେଇ ପଂକ୍ତିମାନେ ଏବେ ନୂଆ ପ୍ରକୀର୍ଣ୍ଣ ଲାଭ କରୁଛନ୍ତି-

> "Living to live in a world of time beyond me; let me
> Resign my life for this life, my speech for that unspoken
> The awakened, lips parted, the hope, the new ships."

ଏକପକ୍ଷରେ ବିଶ୍ୱରୂପ ଦର୍ଶନର ସୃଷ୍ଟି ଓ ପ୍ରଳୟର ନାଟିକା ଏବଂ ଅନ୍ୟପକ୍ଷରେ ଏକ ଅଧ୍ୟାତ୍ମ- ସ୍ମୃତିର ଅପଲକ ଉଙ୍କିମାରିବା ପୂର୍ବ ଓ ପାଶ୍ଚାତ୍ୟର ସମୀକରଣ ଏ କବି

ଟାଣୁଛି। ଗୌତମୀର ପ୍ରେମ ସବୁ ଅର୍ବୁଦ ଶୃଙ୍ଗକୁ ଛୁଇଁ ନିମ୍ନ ଅଧିତ୍ୟକାରେ ପରିବିନ୍ୟସ୍ତ କରୁଛି ସାରା କଳ୍ପନାର ଅନିନ୍ଦ୍ୟ, ଅଣସୁଷମିତ ପରିବ୍ୟାପ୍ତିକୁ। କବି ପ୍ରତୁଳ ସଂକ୍ଷିପ୍ତିରେ ସବୁ ନିଦର୍ଶନ, ସୂଚନା, ଅଧିବେଶନ, ଅଭିଭାଷଣ, ସମାବର୍ତ୍ତନକୁ ଏକତ୍ର କରିବାକୁ ଚେଷ୍ଟାଶୀଳ। ତେଣୁ କବିତାଟି ଗୋଟେ ଅନ୍ତଃଶୀଳ, ଅନ୍ତର୍ବେଶୀ, ଇନ୍‌କ୍ଲୁଜିଭ୍ ସିମ୍ବଲ ରୂପେ ଘୋଟିପକାଉଛି। ଅତଏବ କବିତାଟି କବିତାର ସ୍ଥାୟୀ, ଅବିନଶ୍ୱର ଗତି ଓ ପ୍ରକୃତି ଉପରେ ଅଭିକ୍ଷେପ ବହୁଧା, ବିବିଧା ଢାଳୁଛି। ୱାଲେସ୍ ଷ୍ଟିଭେନ୍‌ସ କହିବା ପରି କଳ୍ପନା ଓ ବାସ୍ତବର ଅନ୍ତର୍ବର୍ତ୍ତୀ ସନ୍ନିଧି ଏଠି ପ୍ରତିପାଦିତ। 'ଗୌତମୀ'ରେ କଳ୍ପନା ଓ ବାସ୍ତବ ଏକୀଭୂତ ହୋଇଛି। ସିଏ ସ୍ୱପ୍ନ ଏବଂ ଇପ୍‌ସା ଉଭୟ। ତାଙ୍କ ଆବିର୍ଭାବରେ ରବୀନ୍ଦ୍ରନାଥଙ୍କ 'କାବୁଲିୱାଲା'ର ସଜଳ, ପ୍ରାଣଶୀଳ ଶାରଦୀୟ ଆଭାସମାନେ ସମାକୀର୍ଣ୍ଣ ହୋଇଉଠିବେ ଏବଂ କବିତାର ତାତ୍‌କାଳୀୟରେ ସେ ପୁଣି ମହତ୍ତର ବାସ୍ତବ ଯାହାଙ୍କ ସମୀକରଣରେ ସମଗ୍ର ସତ୍ତା ନୂଆ ବିଗ୍ରହ ଲାଭ କରିବ। କବିତାର ପ୍ରକୃତି କଅଣ ? ପୁଣିଥରେ ମହାନ୍ କାଳ୍ପନିକ ଷ୍ଟିଭେନ୍‌ସଙ୍କୁ ମନେପକେଇବା। ଏଠି କବିର ଅଫୁରନ୍ତ ଭୂମିକା ମଧ୍ୟ ନିର୍ଣ୍ଣିତ ହେବ। ମାର୍କସିଷ୍ଟ ବିବେଚନାରେ କୌଣସି ସମାଜତାତ୍ତ୍ୱିକ ବା ରାଜନୀତି-ବିଶଦ ଅନୁଜ୍ଞା କବି ପାଖେ ନାହିଁ। ସେ ଭୂମାରୁ ଭୂମିକୁ ଅବତରଣ କରୁଛି। ଯେମିତି 'ଗୌତମୀ'ର ଆଶୀଷରୁ କବିତାର ମହୋତ୍ସବ ଛୁଟଉଛି। ସେ ଅବଶ୍ୟ ଲଙ୍ଗିନସ୍‌ଙ୍କ ଦର୍ଶନରେ ସାମସମୟିକ ହେବ। କିନ୍ତୁ, ସମାଜ ଭିତରୁ ସେ ଆତ୍ମାର ଆହ୍ୱାନ, ଅଭିଭାଷଣ, ଅଭିଚିନ୍ତନ, ଅନୁରଣନ ପାଇଁ ଗୌତମୀର ପ୍ରସ୍ତାବନା ମାପିବ। ଆମ ସମୟର ପ୍ରତ୍ୟୟହୀନତା ପାଖରେ ଏଇ ଅଧ୍ୟାତ୍ମକୁ ସଂଲଗ୍ନ କରି ସେ ସମୟାନ୍ତରକୁ, କାବ୍ୟାନ୍ତରକୁ, ଋତୁ- ଅନ୍ତରକୁ ଅପେକ୍ଷା କରୁଛି। ଯୁଗେଯୁଗେ କବିମାନେ ଏହା କରି ଆସିଛନ୍ତି, ନିଜନିଜ ଛାପ, ଢଙ୍ଗ, ଶୈଳୀ, ଅଭିପ୍ରାୟ, ଅଭିସନ୍ଧି ନେଇ। ଏଠି ସାମାଜିକ ନୈତିକତା ବା ପରକୀୟା ପ୍ରୀତିର କୌଣସି ଆଶୀର୍ବାଦ ଅନୁପସ୍ଥିତ। ସେ ଛାତିଫାଡ଼ି ଅନ୍ତବୁଜୁଳାକୁ ବାହାରେ ଖୋଲିଦେଉଛି। ତା'ପାଇଁ ସମାଜ, ଚର୍ଚ୍ଚିତ, କଥିତ, ଉପବିଷ୍ଟ, ବାସ୍ତବିକତା ଏବଂ କଳ୍ପନା ଏଇ ଶ୍ରେଣୀୟ। ଏଇ କବିତାର ବାସ୍ତବତା ହିଁ ତା'ର ସମାଜ- ପରିମାପ। ସେଠି ବହିଃସ୍ଥ କୌଣସି ଆୟତନକୁ ବିଚାରକୁ ନେଇ ହେବନି। ଅବଶ୍ୟ ଜୀବନର ଉତ୍ସପାଖକୁ, ଗୌତମୀ ପାଖକୁ କବିତା ଯାଉଛି। କୌଣସି ରାଜନୀତି-ବେତ୍ତା କଳ୍ପନାକୁ ଅନୁଶାସନ ଦେଇପାରିବନି। ଗୌତମୀର ଆତ୍ମାର ଗହୀରରୁ ପ୍ରେରଣା ନିଃସରିତ ହୋଇଛି କବିତାର ସ୍ତବକକୁ ସୃଷ୍ଟି କରିବାରେ। ସେଠି କବି ଓ କବିତା ମୁହାଁମୁହିଁ ହୋଇଛନ୍ତି। ଷ୍ଟିଭେନ୍‌ସଙ୍କ ଅଭିଭାଷଣରେ-

Stalin might grind his teeth the whole of a Russian winter and yet all the poets in the soviets might remain silent the following spring. ବାସ୍ତବତାର ଚାପ ଓ ପୋଷଣକୁ କବି ପ୍ରତିରୋଧ କରେ ସ୍ୱପ୍ନ ଓ କଳ୍ପନାର ବାହାନାରେ। କାବ୍ୟସତ୍ତାର ଅନ୍ତଃସ୍ଥ ମର୍ମଶୀଳତା ହିଁ କବିପାଇଁ ସବୁଠୁ ଉନ୍ମୁଖ ସତ୍ୟ। ଦାନ୍ତେ ମଧ୍ୟଯୁଗର ବାର୍ତ୍ତା ବହନ କରିଛନ୍ତି ତାଙ୍କ ପର୍ଗେଟୋରି ଏବଂ ପ୍ୟାରାଡାଇଜ୍‌ରେ କିନ୍ତୁ କୌଣସି ସାମାଜିକ ସମାପନର ବଳୟରେ ସେ ଆସୁନାହାନ୍ତି। ତେଣୁ ଗୌତମଙ୍କ ପରି ଜଣେ କବି ବିଭ୍ରାନ୍ତିରୁ ମୁକ୍ତ କରିବାକୁ ଲୋକସମାଜକୁ କବିତା ରଚନା କରନ୍ତିନି। କିମ୍ବା ସେମାନଙ୍କୁ ନେତୃତ୍ୱର ଅନୁଗମନ କଲାବେଳେ ସାନ୍ତ୍ୱନା ଦେବାପାଇଁ ଉଦ୍ଦିଷ୍ଟ ନୁହେଁ। କବି ନିଜ କଳ୍ପନାକୁ ସେମାନଙ୍କ ଅବବୋଧ ଓ କଳ୍ପନାରେ ସଂମିଶ୍ରଣ କରିବ। ଠିକ୍ ଏହା ହିଁ ଘଟୁଛି ଏଇ କବିତାରେ। କବି ନିଜକୁ ପରିପୂର୍ଣ୍ଣ କରୁଛି ଏଇ କଳ୍ପନାକୁ ବତିଘର ହିସାବରେ ନିର୍ଯ୍ୟାସିତ କରି। ସେମାନେ ଯେମିତି ନିଜ ଜୀବନ ବଞ୍ଚିବେ ସେଇ ତର୍କରେ କବିତା ଅନୁଷ୍ଠିତ। କବି ସେଇ ମନ୍ତ୍ରକୁ ଉଦ୍‌ଜୀବିତ କରୁଛି ତା'ର ପାଠକମାନଙ୍କ ପାଖେ ଯାହାକୁ ସେମାନେ ନିଜ ଭିତରେ ଖୋଜୁଥିଲେ ଏବଂ ଚାରିପଟର ଜୀବନପାଖେ ଯାହା ସେମାନେ ଏ ପର୍ଯ୍ୟନ୍ତ ଖୋଜି ପାଇ ନଥିଲେ। ସେଇଠି ହିଁ କବିତାର ଶ୍ରେୟତମ ଉତ୍ସର୍ଗ। କବି ତେଣୁ ସବୁ ସ୍ମୃତିକୁ ଧୋଇଦେବାକୁ ଚାହାନ୍ତି। ଭୂତ, ଭବିଷ୍ୟ, ଅଧୁନା ସବୁ ଏକାକାର ହୋଇଯିବ ଏଇ ଧୌତରେ। ସବୁ ସମୟ, ସବୁ ସ୍ମୃତି ଏକାକାର ପାଲଟୁଛି ଗୌତମୀର ସମ୍ବୋଧନରେ। ଏଲିୟଟ୍ କବି-ତିଳକଙ୍କ ସମୟୋପରି ନିଦିଧ୍ୟାସନରେ ଇଦୃଶ ବ୍ୟଞ୍ଜନା ସମାନ୍ତର ଉପମେୟ ସଜାଡ଼ିଦିଏ-

'Time present and time past / Are both perhaps present in time future? / And time future contained in time past.'

ସ୍ଥିତିବାଦୀ ସଂଜ୍ଞା ଏବଂ ଉତ୍‌ପ୍ରେକ୍ଷାରେ କବି ଜୀଇ ରହିଛି ଗୌତମୀର ପ୍ରେରଣାକୁ ତୃଷାତୁର ଲୋଚନରେ ଅପେକ୍ଷା କରି। ଏବଂ ସେ ବହୁତ ଏକୁଟିଆ। କାମ୍ୟୁଙ୍କ 'ରିବେଲ୍'ରେ ଏଇ ରକମ ଏକୁଟିଆପଣ କରି କବି-ନାୟକ ମୁକ୍ତିକାମୀ ସୃଜନୀର ସାଥି ଦିଏ। ଆସ୍ତେ ଆସ୍ତେ ଗୌତମୀର ସତ୍ତା ବୃତ୍ତ ପରି ଆଗେ ବଢ଼ି ଚାଲିଛି। କବି ସେଠି ହଜି ଯାଉଛନ୍ତି କାରଣ- ସେ ଏହି ପାର୍ଥିବ ସରହଦକୁ ନେଇ ବଞ୍ଚିଆସିଛନ୍ତି। ଜନ୍ମଜନ୍ମାନ୍ତରର ବନ୍ଧନରୁ ସେ ପରିମୁକ୍ତି ଲାଭ କରିବେ ଗୌତମୀର ସଂସର୍ଗରେ। ଏହା ଅଧ୍ୟାତ୍ମକଳ୍ପନା। ଗୌତମୀ ମାନବୀରୁ ଦେବୀସତ୍ତାକୁ ଉନ୍ନୀତ ହୋଇ ଗଲାଣି। ଗୌତମୀର ଅମୃତକୁ ସେ ସ୍ୱକୀୟ ମୃତ୍ୟୁପାଖକୁ ଆହ୍ୱାନ କରୁଛନ୍ତି। ତାଙ୍କୁ ସେ ନୂଆ ଜୀବନ ଦେବ। ଗୌତମୀ ପାଇଁ ସ୍ୱପ୍ନ ପୋଷଣ କଲାବେଳେ କବି କଳ୍ପନାକୁ ସିଂହାସନରେ ବସାଇଛନ୍ତି। କବି ସେଇ ମାଧ୍ୟମରେ ଜୀବନ ଦେଉଛନ୍ତି ମାନବିକତାକୁ

ବଞ୍ଚିବାପାଇଁ ଆପଣା ମର୍ଯ୍ୟାଦାରେ। ଏଠି କବିତା ଓ ଦର୍ଶନ ଏକାଛକରେ ବର୍ତ୍ତମାନ। କବିତା ଓ କଳା ମାନବୀୟ ଆତ୍ମାକୁ ଅଭିବ୍ୟକ୍ତ କରୁଛି। ତେଣୁ ଏଠି ବାସ୍ତବରେ ଜୋରଦାର ହଜମି ଏକଦମ୍ ଅବାସ୍ତବ। ନନ୍ଦନ ତତ୍ତ୍ୱରେ ବାସ୍ତବ ପାଇଁ ସ୍ଥାନନାହିଁ। କଳ୍ପନାର ଛନ୍ଦରେ ଜୀବନର ବ୍ରହ୍ମବିଦ୍ୟା କବି ଶବ୍ଦନିର୍ଯ୍ୟାସରେ ପ୍ରକଟ କରଇ। ତେଣୁ ପଳାୟନବାଦ ଗୋଟେ ପ୍ରକାର ସତଭଳି ମନେହୁଏ। ବାସ୍ତବର ତାପ ଏବଂ ଚାପକୁ ପ୍ରତିହତ କରିବା, ତାଠୁଁ ଦୂରେଇ ଯିବା ଗୋଟେ ପଳାୟନ। ତେବେ ସବୁ ଅସୀମର କଳ୍ପନାରେ, ଜଳ୍ପନାରେ, ଚିନ୍ତନରେ ଏକ ସସୀମ ଜୀବନର ପ୍ରତ୍ୟାହିକତା ବଞ୍ଚିରହିଛି। ପୂରା ଶୂନ୍ୟ ଭିତରେ ଯଦି କବି ଲେଖିପାରିଲା–

'This lily now doth, like a garment, wear / The beauly of the morning, silent bare, Ships, towers, dowls, theatres, and temples lie / Open unto the fields, and to the sky; / All bright and glittering in the smokeless air;'

ଯଦି ଆମର ଏଇ ଶ୍ରେଣୀର ଏକ ଅନୁଭବ ଚେତନାକୁ ଆସେ, ଆମେ ଜାଣିନେବା କବି ମଣିଷ ପାଇଁ ଜୀବନକୁ ଜୀବନ ଭଳି ବଞ୍ଚିବାରେ କେମିତି ବଳ ଦେଉଛି, ସହାୟ ମାଗୁଛି। ଗୌତମୀର ବିଭବଭରା ଅନୀଳ ସୀମାନ୍ତ ଆଖିରେ କବି ଯେଉଁ ଅନନ୍ତ କାରୁଣ୍ୟ– ନିନ୍ଦୀ ଅପସରା ଦେଖୁଛନ୍ତି ସେଥିରେ ନିୟୁତ ନିୟୁତ ମାସନ୍ତ ପାଇଁ ପ୍ରେରଣା ଥୋପି ହୋଇ ରହିଛି। ଶୂନ୍ୟପଟଳରେ ପରିପୂର୍ଣ୍ଣତାର ଏଇ ଇପ୍‌ସା ଘନଘୋର ଜୀବନକୁ ଜଡ଼େଇ ରଖିଛି। ସମୟର କ୍ଳାନ୍ତ ମଧ୍ୟାହ୍ନ ଧୀରେଧୀରେ ଭାରାକ୍ରାନ୍ତ ନିଶାନ୍ତର ଗର୍ଭବତୀ ଉଦରକୁ ସ୍ପର୍ଶ କରିବ। ଜୀବନ୍ମୃତ୍ୟୁରୁ ଜୀବନକୁ ଟାଣିଆଣିବ ଗୌତମୀର ଗୋଲାର୍ଦ୍ଧ।– ସ୍ପେଣ୍ଡର୍‌ଙ୍କ ଅନ୍ତରମୟ ରୂପରାଗରେ ଏହାକୁ ଏମନ୍ତ କହିହେବ–

"I grow towards the acceptance of that sun
Which hews the day from night. The light
Runs from the dark, the dark from light
Towards a black or white of total emptiness.
The world, my body, binds the dark and light
Together reconciles and separates
In lucid day the chaos of my darkness."

ବସୁଧାର ଏଇ ତପନାଂଶୁ ଓ ଅମା ମଧ୍ୟରେ ସମୀକରଣ ପାଇଁ ଗୌତମୀର

ପ୍ରେରଣା ପ୍ରତ୍ୟୟ ତୋଳୁଛି। କବି ଏମିତି ଏକ ବ୍ରହ୍ମାଣ୍ଡ ସୃଷ୍ଟି କରୁଛନ୍ତି ଯେଉଁଠିକୁ ଆମେ ପୁନଃପୁନଃ ଦୌଡୁଛୁ ଏବଂ ମୋଡୁଛୁଁ। ଅଜାଣତରେ, ଅଚେତ ଚେତରେ ଏବଂ ଜୀବନରେ ସର୍ବୋତ୍ତମ ଉପନ୍ୟାସ କବି ସୃଷ୍ଟି କରୁଛି ଯାହାକୁ ସହଜରେ କବିତା ବିନା ଭାବି ହେଉନି। ଏବଂ ଶବ୍ଦର ସେ ଧ୍ୱନି କେମିତି ? କବିତାର ସାମ୍ରାଜ୍ୟକୁ ବାରି ହେଉଛି। ସମୟର ଆବହରେ କବିତାରେ ସଂଗୀତ ବହୁତ କିଛି ହରାଇଛି। ଏ କବିତାରେ ସେଇ ସଂଗୀତକୁ ଆଣିବା ପାଇଁ ପ୍ରଚେଷ୍ଟା ଚାଲିଛି। କବିତା ଓ ଗଦ୍ୟରାଗର ସମାହାରରେ କବିତାର ମହାର୍ଘ ଅର୍ପିତ ହେଉଛି ଋତୁର ଦରବାରରେ। ଶବ୍ଦମାନଙ୍କର ସେଇ ଗହୀରତମ ପ୍ରୟୋଜନ ଆମ କଳ୍ପନା ଓ ଭାବକଳ୍ପକୁ ଅଭିବ୍ୟକ୍ତ କରିବାକୁ- ଯାହା ଆମେ ଅନୁଭବ କରିବା ବିନା ବିଭ୍ରମରେ, ଏହା ଆମକୁ ଅନୁଙ୍କିତ କରେ ଶବ୍ଦମାନଙ୍କୁ ଶୁଣିବାକୁ ଯେବେ ଆମେ ତା'ଆଡ଼େ ଧ୍ୟାନ ଦେଉଁ, ସେମାନଙ୍କୁ ସ୍ପର୍ଶ କରୁ, ଆଘ୍ରାଣ କରୁ, ପ୍ରେମ କରୁ, ଏବଂ ଆମେ ଅନୁଧାବନ କରୁ ସେମାନଙ୍କର କଣ୍ଠ ଶୁଣିବାକୁ ଗୋଟେ ଚରମପାଇଁ, ଅନ୍ତିମପାଇଁ, ଉପସଂହାର ପାଇଁ, ଯାହା କେବଳ ଜଣେ ତୀକ୍ଷ୍ଣ, ବଳଶାଳୀ କବିର ଦକ୍ଷତାରେ ରହିଛି, ଗୋଟେ ପରିପୂର୍ଣ୍ଣତା ପାଇଁ, ଏକ ଅପରିବର୍ତ୍ତନୀୟ ପ୍ରକମ୍ପନ ପାଇଁ ସେଇଠି ସେ ପାରଙ୍ଗମତା କାମ କରିବ। ଯେଉଁମାନେ କବିତାର ଅୟନବାରେ ଭାବୁଛନ୍ତି ଏବଂ ଶବ୍ଦମାନେ କେବଳ ଭାବନା ନୁହନ୍ତି- କେବଳ ଆମ ନିଜର ଭାବନା ନୁହନ୍ତି- ଏବଂ ନରନାରୀଙ୍କ ଭାବନା ଯଦିଓ ସେମାନେ ଜାଣନ୍ତିନି ସେମାନେ କଅଣ ଭାବୁଛନ୍ତି- ସେମାନେ ସଚେତ ହେବେ ଏଇ କଥାବସ୍ତୁରେ ଯେ- ସବୁରି ଉପରେ କବିତା ଶବ୍ଦଟିଏ। ଏବଂ ଶବ୍ଦମାନେ କବିତା ମଧ୍ୟରେ ସବୁରି ଊର୍ଦ୍ଧ୍ୱରେ ଧ୍ୱନିନିବହ। ଏଇଟି ହିଁ ଏଇ କବିତାର ସତ୍ତା ନିର୍ଣ୍ଣୟ କରୁଛି। ଶବ୍ଦବିନା ଏ କବିତାର ସ୍ଥାଣୁ ନାହିଁ। ତେଣୁ ପ୍ଲାଟୋଙ୍କ ରଥର ଭାବଚିତ୍ର ଓ ଡେଣାଲାଗିଥିବା ଘୋଡ଼ାର ଭାବକଳ୍ପ ଯାହାକି ସାରା କଳ୍ପନାର ବୃତ୍ତରେ ସମ୍ଭ୍ରାନ୍ତ ଅସ୍ତିତ୍ୱ ଗ୍ରହଣ କରିଛି ସେ ସବୁ ସେଇ ବସ୍ତୁର ଶବ୍ଦରେ ସୃଷ୍ଟି ହୋଇଛି ଏବଂ ଶବ୍ଦବିନା ସେମାନେ ସୃଷ୍ଟି ହୋଇ ପାରି ନଥାନ୍ତେ। କଳ୍ପନାହିଁ ସେଇ ସାମ୍ରାଜ୍ୟ। ଷ୍ଟିଭେନ୍‌ସଙ୍କ ପ୍ରଣିଧାନ ପୁନଶ୍ଚ- 'Poetry is a revelation in words by means of the words.' କ୍ରୋସେ କହନ୍ତି- ଭାଷା ହେଉଛି ଚିରନ୍ତନ ଗତିଶୀଳତା, ହୁଏତ କଳ୍ପନା ଏବଂ ବାସ୍ତବ ମଧ୍ୟରେ ବୁଝାମଣାର, ସାଲିସ୍‌ର ଅଭାବ ପ୍ଲାଟୋଙ୍କ ସାମ୍ରାଜ୍ୟକୁ ଆହତ କରିଛି ଏତେ ସମୟର ବ୍ୟାପକ ଅବଧି ମଧ୍ୟରେ।

କବି ଗୌତମୀର ଚିଠିର ମୋହରେ ଉନ୍ମାଦ। କିନ୍ତୁ ସତେ କ'ଣ ସେ ଚିଠି ତାଙ୍କ ପାଖେ ପହଞ୍ଚିବ ? ସେ ଚିଠିର ଗୋଟିଏ ଶବ୍ଦରେ ଲକ୍ଷେ ପୃଥିବୀ ବିଲୀନ। ବସ୍ତୁତଃ ଗୌତମୀ ଯେ ନିଜେ ଏ ଚିଠିର ନିୟନ୍ତା ଓ ଧାରିକା- ସେ ଯେମିତି ନିଜେ ହିଁ

କବିତା- କବିତାର ଉତ୍ସ ଓ ଗଙ୍ଗୋତ୍ରୀ, ଯମୁନୋତ୍ରୀ- ପ୍ରବାହ ଏବଂ ପ୍ରେରଣା- ସେ ନିଜେ କବିଙ୍କ ପାଖେ ପହଂଚିବାକୁ ବ୍ୟଗ୍ର, ଉଦଗ୍ର, ଆକୁଳ, ନିର୍ନିମେଷ ନୟନରେ ଅନେଇଛନ୍ତ, ସତୃଷ୍ଣ, ଭଗ୍ନ, ତୀବ୍ର ଅଶ୍ଳେଷରେ ସ୍ନିଗ୍ଧ, ସନଦ୍ଧ। ଏଠି କବି ପାଇଁ କବିତାର ଯୁଗଶାଳୀ ପ୍ରତୀକ୍ଷା। ସେ ଗୌତମୀ ପାଖରୁ ଆସୁଛି- ତା'ର ପ୍ରୀତି ଖୋଜିଖୋଜି- ସମୟର ବନ୍ଧ, ବାଡ଼, ଆକାଶ, ଅନିଳ, ଉଦଧି, ଫେନିଳ ସବୁକୁ ଡେଇଁ ଡେଇଁ। ତେଣୁ ସେଇ ଈପ୍‌ସାଶୀଳ ଅନେଇବାରେ ପ୍ରଶାନ୍ତି ରହିଛି- ବିଷାଦ ସେଠି ଅମୃତ- ସ୍ମୃତି ଆପେଆପେ କୂଜନ କୁହାଟ ମେଲୁଛି- ଚେତେଇ ଦେଉଛି କାଳାନ୍ତର କଅଣ- ଏ ସମୟ ଚାଲିଗଲେ ପୁଣି ଗୋଟେ ଋତୁର ସମ୍ବାଦ- ହୋଇଯାଏ ପ୍ରେମପରି ଜନ୍ମ ମୃତ୍ୟୁ ଏକାକାର କରି। କବି ହଠାତ୍ ଗୌତମୀକୁ- କବିତାକୁ ଭେଟୁଛନ୍ତି- ସମଗ୍ର ସ୍ତବକରେ କବି ଓ କବିତାର ଆତ୍ମସ୍ଥ ସଂଲଗ୍ନିକା ଆମକୁ ଠଉରାଇ ଦିଏ- ଚହ୍ଲାରା ଗ୍ରାହକ ପରି। ନେରୁଦା ଭଲକରି ଯାକୁ ଜାଣନ୍ତି-

> 'And it was at that age......... poetry arrived in
> search of me. I don't know, I don't know
> where it came from, from winter Ora river.
> I don't know how or when,
> no, they were not voices, they were not
> Words, nor silence,
> but from a street I was summoned,
> from the branches of night,
> abruptly from the others,
> among violent fires
> Or returning alone,
> there I was without a face
> and it touched me.'

କବି ନିଜେ ଜାଣନ୍ତିନି ଗୌତମୀ ସହ ମୁହାଁମୁହିଁ ହେଲେ ସେ କଅଣ କହିବେ। ଆଗରୁ ଯୋଜନା କରିଥିବା ଶବ୍ଦସବୁ ଥମ୍‌ଥମ୍ ହୋଇ ନିଶ୍ଚୁପ ରହିଯିବ। ଯାହା କେବଳ ଭାବନାର ସନ୍ଧ୍ୟାଗମରେ ଅନ୍ଧାର ପରି ଲମ୍ବିଯିବ। ଦୁହେଁ ଦୁହିଁଙ୍କୁ ମିଳିବେ। ସେଇଠି ହିଁ କାବ୍ୟର କଳ୍ପନାକୁ ବାସ୍ତବ କଳିଗୋଳରେ ଥାମିନେବ। ନାଁ, ପରିଚୟ, ପ୍ରାପ୍ତିପତ୍ର ଦେଇ ହେବନି। ଆଖି ଅନ୍ଧ ହୋଇଯାଇଥିବ। ସତ୍ତା ପ୍ରଳୟ-ପ୍ରୟୋଧି ଜଳେ ଉବୁଟୁବୁ

ହେଉଥିବ- ଯଥା:-

‘ମହାକାଳ ବିଷାଦର ନଈ ହୋଇ
ଘୂରାଉଛି ମୋତେ ତା’ର ଜଳ ଭଉଁରୀରେ
ଅବରୁଦ୍ଧ ଶୂନ୍ୟତାରେ ପରିତ୍ୟକ୍ତ ଯେମିତି ମୁଁ ଶ୍ୱାସରୁଦ୍ଧ
ଲିଭିଯାଏ ସମୟର ମହାପ୍ଲାବନରେ।’

ଏଠି ବିଷାଦ ଏବଂ ଉଦାସୀ ଅନିର୍ବଚନୀୟ ସରହଦ ସୀମିତ ମହାକାଳର ବୟସ ମାପୁଛି। କବିତାର ଉପାନ୍ତରେ ପରିମୁକ୍ତି ଖସୁଛି କାକକୃଷ୍ଣ ଗଭାରୁ ଟପ୍‌ଟପ୍ ହୋଇ ରୁଧିର ରାଜୀବ କଳିକା ଖସିଲା ପରି। ବାସ୍ତବିକ ଜୀବନ ହିଁ ମୃତ୍ୟୁ ଏବଂ ଋତୁର ଅଂଶ, ପ୍ରତିଭୂ, ତା’ର ବିଶ୍ଳେଷଣ, ବିଭକ୍ତି ଏବଂ ବର୍ଣ୍ଣନା। ଅତଏବ ଶୂନ୍ୟତା ଓ ରିକ୍ତପଣରୁ ପୁଣିଥରେ ଋଦ୍ଧିମନ୍ତ ପୂର୍ଣ୍ଣତାକୁ କବିତା ଆଦରି ନିଏ ଗୌତମୀର ମିଳନ ସଜବାଜରେ ଅଭ୍ୟାଗତ ପରି। ଜୀବନ ଏକ କାବ୍ୟପରି କାଳର ମହାକାବ୍ୟରେ ସମର୍ପଣ ଲାଭ କରୁଛି ଆତ୍ମ-ସ୍ୱ ହୋଇ। ମନେପଡ଼ିଯାଉଛି ଏଲିୟଟ୍‌ଙ୍କ ତମିସ୍ରାର ଉଦ୍‌ଯାପନ-

“O dark dark dark. They all go into the dark,
The vacant interstellar spaces, the vacant into the vacant.”

ଅନ୍ଧାର ଭିତରୁ, ପ୍ଲାବନ ମଧ୍ୟରୁ, ପ୍ରଳୟର ଗହଳିରୁ, ପତନର ନୀଚତାରୁ କବିତା ପୁଣିଥରେ ଆଲୋକକୁ ସମ୍ବରଣ କରିବ। କବି ପାଇଁ ଏହା କବିତାର, ଗୌତମୀର ନୀରାଜନା। ପ୍ରେମ ହିଁ ଡୋର ବାନ୍ଧିବ। ଆତ୍ମା ଭିତରେ କାହିଁ କେଉଁଠି ଏକ ଉପକ୍ରମ ନିଃସରିତ ହେବ। ଏହା କ’ଣ ଜ୍ୱରର ଉତ୍ତାପ ନା ବିସ୍ମୃତ ପତତ୍ରୀର ଡେଣା ! କବି ଆଗେଇ ବଢ଼ିବ ଶବ୍ଦ ରଚିରଚି, ସେଇ ନିଆଁକୁ ଚିହ୍ନି ଚିହ୍ନି, ଏବଂ ଧୀରେ, ସ୍ତିମିତରେ ଅସ୍ପଷ୍ଟ ପଂକ୍ତିଟିଏ ଲେଖି ବସିବ। କିଛି ମାନେ ହୁଏତ ନାହିଁ। ସବୁ ମିଳନରେ, ସବୁ ସଂଲଗ୍ନରେ, ସବୁ ଭଗ୍ନରେ, ସଂଯୋଗରେ- ବିଯୋଗ ବି କେତେ ଅବା ଦୂର !

ନେରୁଦୀୟ ଉଦ୍ଧାର ଏହାକୁ ବର୍ଗବନ୍ଧନୀରେ ସୀମାୟିତ କରେ-

“xxx
and I wrote the first faint line,
Faint, without substance, pure
nonsense
pure wisdom

of someone who knows nothing,
and suddenly I saw
lie heavens
unfastened
and open,
planets,
palpitating plantations,
shadow perforated
riddled
with arrows, fire and flowers,
the winding night, the universe."

ତେଣୁ ସେ ବାରମ୍ବାର ଜୀବନ୍ୟାସ ପାଆନ୍ତି ତାଙ୍କର ପ୍ରତିଟି କବିତାର ଅଣୁ, ଅଣୁରେ; ରେଣୁ, ରେଣୁରେ। ଓଡ଼ିଆ କଳ୍ପନାର ପର୍ଯ୍ୟାପ୍ତ ସମତଳରେ ଏହି ଉଦ୍ୟୋଗ ଗୋଟେ ମହାର୍ଘ ବନ୍ଧନୀ ଯାହାର ପରିଣତ ସିଦ୍ଧି ନୂଆ ଏକ ଅନଳଛଟା ସୃଷ୍ଟି କରୁଛି। ଏଇ ସବୁ କଳ୍ପନା ଧାରରେ ଆମେ ବାସ୍ତବ ଓ ସତ୍ୟର ଉଦ୍‌ଘାଟନ ପାଇଁ, ଉପଲବ୍ଧି ପାଇଁ ଅପେକ୍ଷା କରୁ। ଦୃଶ୍ୟମାନ ବାସ୍ତବର ଆରପାର୍ଶ୍ୱକୁ ଯାଇ କଳ୍ପନାର ଶକ୍ତିଚାପ ଠାବ କରିବାକୁ ହେବ। ତେଣୁ ଫାଙ୍କାବୋଧ ଓ ଶୂନ୍ୟତାର ବାସ୍ତବ ଏବଂ ଗୌତମୀର ନିର୍ବାଣ ଓ ଉନ୍ମୋଚନ ଦୁହେଁ ପାଖରେ ପାଖରେ ଉନ୍ମୁଖ ହୋଇ ଯୋଡ଼ିଛନ୍ତି। ଏଇଠି ହିଁ ପ୍ଲାଟୋନିକ୍ ନୋବିଲିଟିର ବାସ୍ତବାୟନ ଘଟିଥାଇପାରେ।

ଇତି ମଧ୍ୟରେ କବିକୁ ମାନିନେବାକୁ ହେବ ଯେ- ପ୍ରେମ ବିନା ତା'ର ଗତ୍ୟନ୍ତର ନାହିଁ ଏବଂ ତା'ପାଇଁ କେହି ଏଜେଣ୍ଡା ତିଆରି କରିବେନି। ସେଇଟା ବାସ୍ତବର ଅନଧିକାର ଚର୍ଚ୍ଚା ହେବ। ଏମିତି କୌଣସି କାମ ତା'ର ନାହିଁ, ପ୍ରୋଗ୍ରାମ୍ ନାହିଁ। କଳ୍ପନା ଯାହାକୁ ବି ସ୍ପର୍ଶକରିବ, ଚୁମ୍ବାଦେବ ସେ ଏକ ବୈଶିଷ୍ଟ୍ୟରେ ରୂପାନ୍ତରିତ ହୋଇଯିବ। ସେଇ ବୈଶିଷ୍ଟ୍ୟ ହିଁ କାବ୍ୟିକ ନୋବିଲିଟି। ଏବଂ ସେଥିରୁ ଆସିବ ଆତ୍ମିକ, ଆହ୍ନିକ, ପରସ୍ମୈପଦୀ ଉଚ୍ଚତା ଓ ବୋଧ ଏବଂ ଗହୀର। ଏହା କେବଳ କବି ହିଁ ଜାଣିବ ଯେମିତି ଆମ ଅନୁମାନ କରିଛନ୍ତି। ଏହାକୁ ସଂକୋଚରେ ପାଳିବାକୁ ହେବ ଏବଂ ଏହାକୁ ଅନୁଷ୍ଠାନାୟିତ କଲେ ଆତଙ୍କର ସମ୍ମୁଖୀନ ହେବାକୁ ପଡ଼ିବ। ସେଥିପାଇଁ କବିତା ତା'ର ପାଠକ ଏବଂ ରଚକମାନଙ୍କୁ ନିମନ୍ତ୍ରଣକରେ ପ୍ରଜ୍ଞା ଓ ଅବବୋଧ ଓ ଚାରିତ୍ରିକ ସଂପନ୍ନ ମାନବିକତାକୁ ତଥା ଜୀବନ ପାଇଁ ଏକ ଦୁରତିଗମ୍ୟ

ଅଭୀପ୍ସା। ଷ୍ଟିଭେନ୍ସ୍ କବିତାର ତେମନ୍ତ ସଂଜ୍ଞା ଓ ପରିଭାଷା ଓ ଅନ୍ତ୍ୟାନୁପ୍ରାସକୁ ବଡ଼ ମହତ୍ତ୍ୱର ସହ ପ୍ରଖ୍ୟାପନ କରିଛନ୍ତି-

'I am not thinking of the solemn, the portentous or demoded. On the other hand, I am evading a definition. If it is defined, it will be fixed and it must not be fixed.'

ଏଲିୟଟ୍‌ଙ୍କ ମ୍ୟାରିନା ପରି ଗୌତମୀଙ୍କୁ କେତେବେଳେ ସେ ପାଆନ୍ତି, କେବେ ବା ହଜେଇ ଦିଅନ୍ତି। କବିତାର ଅସୀମ ଅନୁରାଗରେ, ଅନୁରଣନରେ ପ୍ରଫେସର ସାନ୍ତାୟନଙ୍କ ଏକ ଆଖିର ସ୍ୱପ୍ନ ଲାଗିଛି। ସବୁ ଅଳୀକ- ରକ୍ତ, ରାଗ, ବ୍ୟାସାର୍ଦ୍ଧ, ଜ୍ୟା, ଶଶୀ- ଉଚ୍ଛଳ ରାକାପୂର୍ଣ୍ଣିମା ଓ ତମିସ୍ରାଚ୍ଛେଦ ମାସନ୍ତ। ଅତଏବ ଉଦାସୀ ହିଁ ଜୀବନର ଶାଶ୍ୱତ, ଅପରିସୀମ ଅନୁଶୀଳନ, ଚରମ ଏବଂ ପରମ ଉପନିଷଦ। ଭୟ ଆସୁଛି କିନ୍ତୁ ଗୌତମୀଙ୍କ ସାନ୍ନିଧକୁ ତାହା ପ୍ରତିହତ କରିପାରିବନି। ସେ ନିଜେ ହିଁ ଦେବାତ୍ମା। ଅଭିଶାପର କୋହରେ ମର୍ତ୍ତ୍ୟକୁ ଅବତରଣ କରିଛନ୍ତି। ଗୌତମୀର ବି ସେଇ ଦୁଃସ୍ଥିତି। ଦୁହେଁ ମାନବାତ୍ମାର ଅବତାର ନେବେ। ଏବଂ ସ୍ୱର୍ଗୀୟ ଆନନ୍ଦର କଲ୍ଲୋଳରେ ନେରୁଦାଙ୍କ ଜଳଧିର ସେଇ ବେଳାଭୂମି ପାରକରି ଯିବେ ଯାହାର ଆଉ ବେଳାଭୂମି ନାହିଁ। ମୃତ୍ୟୁ ସେମାନଙ୍କୁ ସବୁ ମୃତ୍ୟୁ ଭୋଗିଲାପରେ ପାଶୋରିଯାଇଛି। କବି ଓ କବିତାର ଏଇ ହେଲା ଆତ୍ମ-ସମ୍ମେଳନ, ଆତ୍ମ-ଉଚ୍ଚାଟନ। ଦୁହେଁ ଉଦାସୀ। କ୍ଳାନ୍ତ ଆଖିରେ ସଜଳ, ସଚଳ, ବିଦ୍ୟୁତ୍‌ପ୍ରଭା ସଂଜ୍ଞାନକୁ ଅଭିନବ ପୁଟରେ ସଜାଇଦେବେ। ଏଇ ପ୍ରକାଣ୍ଡର ନିରାଶା ଏବଂ ବିରକ୍ତି ଓ ଅସହାୟ ଏବଂ ଆତଙ୍କରୁ ପରିତ୍ରାଣ ଲଭିବ କେବଳ ଗୌତମୀ ଆସି ପହଞ୍ଚିପାରିଲେ। ଦୁନିଆର ଆର୍ଥିକ ଉପପାଦ୍ୟ ତେବେ ଯାଇ ମଉଳି ପଡ଼ିବ। ସଂପୂର୍ଣ୍ଣତାର ତାମରସ ତେତିକିବେଳେ କମ୍ର ସରସୀର ଛାୟାଢ଼ଙ୍କା ନିଥର ବୀଚିପ୍ରସରରେ ଫୁଟିଉଠିବ।

କବିର ଅନୁଜ୍ଞା କ'ଣ- ଆହ୍ୱାନ କିପରି ? ନେରୁଦା ଅତି ସମ୍ଭାଷଣରେ ସ୍ୱନ ରଚେଇ ଦେବେ-

"So, drawn on by my destiny,
I ceaselessly must listen to and keep
The sea's lamenting in my awareness,
I must feel the crash of the hard water
and gather it up in a perpetual cup
So that, wherever those in prison maybe,
Wherever they suffer the autumn's castigation

I may be there with an errant wave,
I may move, passing through windows,
and hearing me, eyes will glance upward
Saying "How can I reach the sea?"
And I shall broadcast, saying nothing,
The starry echoes of the wave,
a breaking up of foam and of quicksand,
a rustling of salt withdrawing,
the grey cry of sea birds on the coast."

ସେଇ କବିତାର ଅଧରରୁ ମଧୁଶାଳା ଝରିବ ଯାହାର ଅଲକ୍ତକ ଶାଖାରେ ମୁକ୍ତି ଏବଂ ପାରାବାର ଅବରୁଦ୍ଧ ଅନ୍ତରକୁ ଆହ୍ୱାନ ଭେଟିବେ। ସେଇପରି ଗୋଟେ ବିବିକ୍ତ ଅପରାହ୍ଣରେ କବି ଜହ୍ନ, ନଈକୂଳ, ଆମ୍ବତୋଟା, ହିଲ୍ଲୋଳ ଓ ଢେଉ ଏବଂ ରୂପାର ବାଲି ମତୁଆଲା ହୋଇ ପୃଥିବୀକୁ ଉନ୍ମାଦ କରନ୍ତି। ରୋମାଣ୍ଟିକ୍, ଧର୍ମୀୟ, ଅଧ୍ୟାତ୍ମିକ, ଐହିକ ସବୁ ମନୋପମାରେ ତାଙ୍କ କବିତା ସଜ୍ଜିତ ହୋଇଛି। କିନ୍ତୁ ଏତେ ଉତ୍ତରଣରେ ସେ ପ୍ରବହମାନ ସ୍ରୋତସ୍ୱତୀର ନୂଆ ନିକାଞ୍ଚନକୁ ଆଶ୍ରୟ ଦିଅନ୍ତି ଭବତାଡ଼ନା ଅନୁମାନସରେ। ସବୁ ଶୂନ୍ୟତାରୁ ମହାପୂର୍ଣ୍ଣତା ପାଇଁ ପ୍ରଶସ୍ତି ଖୋଲିଯାଉଛି ସମୟର ବାଲିବନ୍ଧ ପରେ। କବି ଲୋଡୁଛି କବିତାର ଗୋପ୍ୟ- ଗହନ ଅନ୍ତର- ଗ୍ରହ ଏବଂ ଫେନିଳ ଉପନୀଳର ପ୍ରଚ୍ଛାୟା- ତାରାମାନେ ନାଚୁଛନ୍ତି ନିଜନିଜର କରୋନାରେ- ଏବଂ ସମୁଦ୍ର ବାୟା ହେଉଛି- ପିଟି ହେଉଛି ମରିବାକୁ ଯାଉଛି ମୃତ୍ୟୁ ସଲଖରେ ଏବଂ ପୁଣିଥରେ ବହିଯାଉଛି ପ୍ରବାହରେ।

ଅନ୍ତରୀଣ ହିଂସା ହିଁ ଲୁଚେଇ ରଖୁଛି ବହିଃସ୍ଥର ଆକ୍ରମଣ। କଳ୍ପନା ଏଇ କବିତାରେ ବାସ୍ତବର ଦନ୍ତୁରିତ ପ୍ରତୀୟମାନକୁ ଆଘାତ କରୁଛି। ଶେଷ ଅନୁଶୀଳନରେ ନିଜ ସଂରକ୍ଷଣ ପାଇଁ ସେଇ ସାମ୍ରାଜ୍ୟ କାମ କରୁଛି- ଏବଂ ସେଇ ମର୍ମରେ ଏହାର ଅଭିବ୍ୟକ୍ତି, ଅଭି-ରଚନା, ଶବ୍ଦର ପ୍ରତିଧ୍ୱନି, ପ୍ରତି- ଶ୍ରୁଣନ ଆମକୁ ଆମ ଜୀବନ ବଞ୍ଚେଇବାକୁ ଦେଇଛି।

ଋଷୀୟ କବି ଆନ୍ଦ୍ରେଇ ଭୋଜୋନେସେସ୍କି ଆମ ସମୟର ସ୍ୱାଦଦେଇ କବିତାର ସବୁ ପରିତୋଷକୁ ମାପାୟନ କଲେ ନିଜ ସ୍ୱରୂପରେ- କବିତା ଗୋଟେ କ୍ରିଷ୍ଟାଲ, ପୃଥିବୀର ଏକ ମଡ଼େଲ୍, ମାପାୟନ, ରୂପାୟନ, ଭାବାୟନ, ଶିକ୍ଷାୟନ, ସେଇ ପୃଥିବୀର, ଝଙ୍କାରର ଏକ ସଂଗଠନ, ଯାହା କିଛି ଘଟେ ତାହାରି ପର୍ଯ୍ୟନ୍ତ ସାରବତ୍ତାକୁ ଧରି ରଖିବାର ଗୋଟେ ଚିନ୍ତନ- ପ୍ରକ୍ରିୟା, ସତ୍ୟକୁ ପ୍ରକାଶ ଏବଂ ଆବିଷ୍କାର

କରିବାର ଏକ ଅୟନ। କବିତା ସୀମା ବାରେନା। ଏହାର ରାଜଧାନୀ ନାହିଁ କିମ୍ବା ପ୍ରଦେଶ ନାହିଁ। ଭାଷା ଅନେକ କିନ୍ତୁ କବିତା ଏକ। ଗୌତମୀଙ୍କୁ ଉଦ୍ଧାର କରିବାକୁ ଯାଇ କବି ଭାବନାର ବହୁଳ ବ୍ୟଞ୍ଜନା ମଧ୍ୟରେ ନିଜକୁ ହଜାଇଛନ୍ତି। ତା'ପରେ ସେ ଏପ୍‌ମିନ୍‌ଙ୍କର ଆର୍ଟ ଗ୍ୟାଲେରୀରେ ଫୁଲର ପେଣ୍ଟିଂ ଏହିପରି ଏକ ସତ୍ୟତା ଆବିଷ୍କାର କରେ। ଆମ କବି ସେଇ ଅତିବାସ୍ତବକୁ ଧରି ରଖିବାକୁ ଚେଷ୍ଟା କରୁଛନ୍ତି। ସେକ୍‌ସପିୟର୍‌ଙ୍କ ରଙ୍ଗମାନେ ଚିତ୍କାର କରୁଛନ୍ତି, ସମଗ୍ର ଛବିର ଆୟତନରେ ବିସ୍ଫୋରଣରେ ଫାଟିପଡ଼ନ୍ତି ଏବଂ ପୃଥିବୀର ବିଦ୍ରୋହ ଓ ଅନାଚାରକୁ ପ୍ରତିରୋଧ କରନ୍ତି। ଉତ୍ତେଜନାର ଆଙ୍ଗିକ ଓ ବର୍ଣ୍ଣ- ଶ୍ରେଣୀକୁ ନେଇ ଏଇ ଫୁଲମାନେ ପ୍ରକୃତି ଏବଂ ଆୟୋଜନରେ ସଜେଇ ଦିଅନ୍ତି। ଏଇ ହେଉଛି ସେଇ ଭୟଙ୍କର ସୌନ୍ଦର୍ଯ୍ୟ, ଯାହାର ପ୍ରତୀକ ହେଲା ଗୌତମୀ- କବି ନାୟିକା। ହତାଶାର ବିଭଙ୍ଗ ମୋଡ଼ରେ, ସେଇ ସୌନ୍ଦର୍ଯ୍ୟ ନିଜ ଆଳକୁ ପ୍ରତିଷ୍ଠାକରେ ସାମ୍ରାଜ୍ୟପର୍ବରେ। ଆମ କବି ସେଇ ପ୍ରେରଣାରେ କବିର ପ୍ରତିଷ୍ଠାକୁ ଅନୁଷ୍ଠାନ କରିପାରିଛନ୍ତି। ସେତେବେଳେ ସିଏ ଗୌତମୀର ଶବ୍ଦରୁ ଅନନ୍ତ, ଅବର୍ଣ୍ଣନୀୟ ଆଭାସ ଆହରଣ କରିବେ-

And I, infinitesimal being,
drunk with the great starry
void,
likeness, image of
mystery,
felt myself a pure part
of the abyss,
I wheeled with the stars,
my heart broke loose on the wind. (Neruda)

ଅସୀମତମ ଅନ୍ଧାର ଭିତରୁ ବିଷାଦର ଆଲୋକ ତେତେବେଳେ ଉଙ୍କିମାରିବ।

‘ସମୟ ବିଷାଦ ନଈ’ରେ ଗୌତମଙ୍କ କାବ୍ୟ-ମାନସ

ପ୍ରଫେସର ପ୍ରମୋଦ କୁମାର ସାମଲ

ଉତ୍ତର ଆଧୁନିକ ଓଡ଼ିଆ କବିତା ଜଗତରେ କବି ଗୌତମ ଜେନା ଏକ ସୁପରିଚିତ ସୁପ୍ରତିଷ୍ଠିତ ସ୍ୱର୍ଦ୍ଧିତ ଉଚ୍ଚାରଣ। ଦୀର୍ଘ ଚାରି ଦଶନ୍ଧିରୁ ଊର୍ଦ୍ଧ୍ୱ ସମୟସୀମା ମଧ୍ୟରେ ତାଙ୍କ ସାଧନା ଓ ସିଦ୍ଧିର ଦୀପ୍ତାଲୋକ ପ୍ରସାରିତ ତଥା ପ୍ରଚାରିତ। ଓଡ଼ିଶାରେ ବିଭିନ୍ନ ସମ୍ବାଦପତ୍ର, ପତ୍ରପତ୍ରିକାର ପୃଷ୍ଠାରେ ତାଙ୍କ ପ୍ରଜ୍ଞା ପ୍ରତିଭାର ପ୍ରସୂନ ପ୍ରସ୍ଫୁଟିତ ଓ ବାସ୍ନାୟିତ ହୋଇ ପାଠକୀୟ ଆଦର ଆଦୃତି ଲଭିବାରେ ସାର୍ଥକତା ପ୍ରତିପାଦନ କରିଛି। ସେଥିପାଇଁ ଡକ୍ଟର ଜେନା ବହୁ ସାହିତ୍ୟକ, ସାଂସ୍କୃତିକ ଶିକ୍ଷାନୁଷ୍ଠାନ ତରଫରୁ ସ୍ୱୀକୃତ, ସମ୍ବର୍ଦ୍ଧିତ ତଥା ପୁରସ୍କୃତ ହୋଇଛନ୍ତି। ୧୯୮୦ ମସିହାରୁ ଏହି ଯୁବ କବିଙ୍କ କବିତା କାବ୍ୟ-ସୌଧର ଭିତ୍ତିପ୍ରସ୍ତର ପଡ଼େ। ତାଙ୍କର ପ୍ରଥମ କବିତା ସଂକଳନ ‘ସମୟ ବିଷାଦ ନଈ’ ପ୍ରକାଶ ପାଏ ୧୯୯୦ ମସିହାରେ। ପରେ ପରେ ‘ଏକା ଏକା ଦିନ’(୨୦୦୦), ‘ରଙ୍ଗ ଶିଉଳି’(୨୦୦୨), ‘ମାୟାମନସ୍କ’(୨୦୦୪), ‘ପଞ୍ଚମ ରାଗ’(୨୦୦୬), ‘ବାହୁଡ଼ା ବେଳ’(୨୦୦୮), ‘ଜୀବନ- ବେଦ’(୨୦୧୦), ‘ଦର୍ଶନ ଯୋଗ’(୨୦୧୫), ‘ପ୍ରିୟ ମାଟି’(୨୦୧୮) ଓ ‘କବିତା-୨୦୨୦’(୨୦୨୦) ପ୍ରଭୃତି କବିତା ସଂକଳନ ସମୟାନୁକ୍ରମେ ପ୍ରକାଶ ପାଏ। ‘ସମୟ ବିଷାଦ ନଈ’ ଉତ୍ସର୍ଗୀକୃତ ହୋଇଛି ଗୌତମୀଙ୍କୁ। ମନରେ ସ୍ୱତଃ ପ୍ରଶ୍ନ ଜାଗରୁକ ହୋଇଥାଏ ଏହି ଗୌତମୀ ନାମଧାରୀ ନାୟିକାଟି କିଏ? ହୋଇ ପାରନ୍ତି ସେ କାବ୍ୟ ନାୟିକା ନ ହେଲେ କବି ମାନସୀ, ମମତାର ମଧୁକ୍ଷରା ଉପପାଦ୍ୟ କିମ୍ବା କବିସତ୍ତା ନିରନ୍ତର ଝୁରୁଥିବା ଜଣେ ଦେହୀ ବା ବିଦେହୀ ଚରିତ୍ର। ରକ୍ତ, ମାଂସ ଦେହଧାରୀ କବି ସେହି ଅନ୍ତରଙ୍ଗ ଆନ୍ତରିକ ଅନୁଭବ, ଅନୁଭୂତିସିଦ୍ଧ ଆତ୍ମୀୟ ଚରିତ୍ରକୁ ଝୁରି ହୋଇଛନ୍ତି ନିରନ୍ତର। କେତେବେଳେ ତାଙ୍କୁ ଶ୍ରଦ୍ଧାରେ ସ୍ନେହରେ ଏକାତ୍ମ ଆତ୍ମୀୟତାରେ ଆଲିଙ୍ଗିବା ପାଇଁ ତାଙ୍କ ହସ୍ତ ପ୍ରସାରିତ ହେଲାବେଳେ ସେ ଆଖି ଆଗରୁ ଅପସରି ଯାଉଛନ୍ତି ମାୟାମୃଗୀ

ପରି। କେତେବେଳେ ନିକଟରେ ତ ଆଉ କେତେବେଳେ ଦୂରତାରେ ଏହି ମାୟାମୃଗୀ ତାଙ୍କ ମନରେ ମୋହ ମାଦକତାର ମାୟାଞ୍ଜନ ବୋଳି ତାଙ୍କୁ ଭାବନାର ଭାବୁକ ସଜାଇ ବ୍ୟଥା ବେଦନାରେ ସନ୍ତୁଳିତ କରାଇଛି। ପ୍ରେମାସ୍ପଦା ପାଇଁ ପ୍ରେମ ଶୋକ, ଶ୍ଳୋକ ହୋଇ ବହି ଯାଉଛି ଶବ୍ଦ ସଂଯୋଗର ଲହଡ଼ି ଭିତରେ।

ସମୟର ପ୍ରବହମାନ ଧାରାକୁ କବି ଚିତ୍ତ ଏଠାରେ ଏକ ବିଷାଦପୂର୍ଣ୍ଣ ନଈ ଭାବରେ ପରିକଳ୍ପିଛି। ଏହି ନଈର ଏକ ପାଖରେ ଜୀବନ ଓ ଜଗତର ମୋହ ମାଦକତାର ଲୀଳାଖେଳା ସଂଘଟିତ ହେଉଥିଲାବେଳେ ଅପର ପାର୍ଶ୍ୱ ମୃତ୍ୟୁର ଇଲାକା ପରି ଦୃଶ୍ୟମାନ ହୋଇଛି। ପ୍ରାପ୍ତିରେ ପରିତୃପ୍ତି, ଅପ୍ରାପ୍ତିଜନିତ ଅସନ୍ତୋଷ କବି ଚିତ୍ତକୁ କେତେବେଳେ ଶୂନ୍ୟତା, ହତାଶା, ବ୍ୟର୍ଥତାରେ ଜର୍ଜରିତ କରାଇଛି ତ ଆଉ କେତେବେଳେ ଦୁଃଖର ଘୂର୍ଣ୍ଣାବର୍ତ୍ତରେ ପୁଣ୍ୟପ୍ରାପ୍ତିର ଉତ୍ସୁକତା ଅନୁଭବରେ ଉଲ୍ଲସିତ କରାଇଛି। ଗୌତମୀର ଅପେକ୍ଷାରେ ଗୌତମଙ୍କ କବି ଚିତ୍ତ ନିରନ୍ତର ପ୍ରମତ୍ତ ପାଗଳ ହୋଇ ଉଠିଛି। ଜଳ, ସ୍ଥଳ, ବନ, ଗିରି, ଆକାଶରେ ସେ ଗୌତମୀର ସତ୍ତା ଏବଂ ସନ୍ଧାନକୁ ଅନ୍ୱେଷୀଛନ୍ତି। ତା'ରି ଅପେକ୍ଷାରେ କିବ ମନ ଉଦ୍‌ବେଳିତ ଓ ଅଶ୍ରୁ ସଜଳ। କବିର ବିରହୀ ବେଦନାର୍ତ୍ତପ୍ରାଣ ସେଥିପାଇଁ ଖୋଲାଖୋଲି କହି ବସିଛି ଆପଣାର ଯଂତ୍ରଣାକ୍ତ ଅନୁଭବ।

ମାଟିର ମାୟାମନସ୍କ କବି ଭୂମିର ମୋହରେ ଯେତିକି ମୋହଗ୍ରସ୍ତ ଭୂମାର ଶୂନ୍ୟ ଗର୍ଭକୁ ଚାହିଁ ସେତିକି ଭାବାବିଷ୍ଟ। ଗୌତମୀ ବ୍ୟତିରେକେ କବି ପ୍ରାଣ ଏଠାରେ ମୃତବତ୍, ସ୍ଥାଣୁ, ନିର୍ଜୀବ। ଗୌତମୀର ସଂଯୋଗ, ସଂସ୍ପର୍ଶ କବିର ଜୀବନିକା। ତା'ର ଅଦର୍ଶନରେ ତା'ର ହସ୍ତ ଲେଖା ଚିଠି ସବୁ କବି ଚିତ୍ତକୁ ସଂଜିବନୀ ମନ୍ତ୍ରପାଣି ସିଞ୍ଚିଛି। ଆଜି ସେ ସବୁ ଖାଲି ସ୍ମୃତିର ସ୍ମାରକୀ, ପ୍ରୀତିର ପୁରବୀ। କବି ଗୌତମଙ୍କ କବି ମାନସ ପ୍ରେୟସୀର ପ୍ରେମଭାବକୁ ସେହି ଚିଠିରେ ଅନୁଭବି ଖାଲି ଆଖି ଲୁହରେ ଭିଜିଛନ୍ତି। ହେଲେ ଜ୍ୱାଳାଯନ୍ତ୍ରଣାର କିନ୍ତୁ ଉପଶମ ହେବାକୁ ନାହିଁ। ସେଥିପାଇଁ କବି ଗୌତମୀର ସେହି ସାଇତା ଚିଠିର ଅକ୍ଷର ଭିତରେ ଅତୀତ ଓ ବର୍ତ୍ତମାନର ଅଭୁଲା ସ୍ମୃତିକୁ ସାଉଁଟି ବ୍ୟଥାତୁର କଣ୍ଠରେ କହିଛନ୍ତି-

> " ବିଲରେ ବିହନ ପରି
> ଏ ଚିଠିରେ କେ ଦେଇଛି ବିଞ୍ଚି ଅକ୍ଷରକୁ
> ବତାଶରେ ପତ୍ରପରି
> ଉଡ଼ାଇ ଆଣିଛି କିଏ, ଏ ଚିଠିର ପ୍ରତିଟି ଶବ୍ଦକୁ।"

ଗୌତମୀର ସେହି ସ୍ନେହ, ପ୍ରେମ, ଅନୁଭବକୁ ଅନୁଭବି କବିଙ୍କ ଚିନ୍ତା ସବୁ ଆକୁଳିତ, ବ୍ୟାକୁଳିତ ହୋଇ ଶାନ୍ତିର ପଥ ଖୋଜି ସୁରାକୁ ସାଥୀରୂପେ ବାଛିନେଇ ବ୍ୟଥିତ କଣ୍ଠରେ କହି ବସିଛି-

"ଥରେ ମୋତେ ଦେଖିନେରେ
କେମିତି ନିଜକୁ ହତ୍ୟା କରୁଛି ମୁଁ ମାଦକ ନିଶାରେ

XXX

ଗୋଟିଏ ମୁହୂର୍ତ୍ତ ପାଇଁ ଆଖିର ଉହାଡ଼େ ଥିଲେ
ଲାଗେ ଯୁଗପରି
ମନମାରି ବସିଥିଲେ ଲାଗୁଥାଏ ମୁଁ ଯେମିତି
ଏଇ ଯିବି ମରି।"

ଗୋଟିଏ ଦେହର ବ୍ୟତିରେକେ ଅନ୍ୟଦେହ ଅକାମୀ, ଅଲୋଡ଼ା, ଅନାବଶ୍ୟକ। ଘରଦ୍ୱାର, ବାଡ଼ି, ବଗିଚା, ପଡ଼ିଆ, ଗାଡ଼ିଆ କବିଙ୍କ ମନକୁ ବାନ୍ଧିରଖି ପାରନି। ଏତେ ଲୋକ ଥାଇ ଆପଣାର କେହି ନାହିଁ ବୋଲି ମନେ ହେଉଛି। କେଉଁ ଏକ ନଈପାଖର ବାଲିବନ୍ତ ଶିଖରୀରେ ବସି ହାତ ପାପୁଲିରେ ଗାଲ ଥାପି କବି ଅନ୍ୟମନସ୍କ। ଆକାଶରେ ରୂପା ଜହ୍ନ ଥାଇ ବି ଅନ୍ଧକାର ପ୍ରତେ ହେଉଛି। ନିଶୂନ, ନିଃଶବ୍ଦ, ନିଃସଙ୍ଗ ଏକାକୀ ଜୀବନ ବଡ଼ ଦୁର୍ବିସହ ବ୍ୟଥାବହ। କବିର ବିକଳ ଅନ୍ତରାତ୍ମା ସେଥିପାଇଁ ବିଳପି ଉଠିଛି-

"ବିରାଟ ପୃଥିବୀ ଇଏ
ଇଚ୍ଛା ମୁତାବକ ମୋର
ନାହିଁ ଟିକେ ଭୂମି
କେମିତି ବଞ୍ଚିବି ଏଠି, ଶୂନ୍ୟ ମୋତେ ଦଶଦିଶ
ଭାରି ଭାରି ବୋଝପରି ସବୁକଥା ଲାଗୁଛି ଗୌତମୀ।"

ସଂକଳନର ପ୍ରତିଟି ପଙ୍‌କ୍ତିରେ ରହିଛି ବିରହ ବ୍ୟଥାର ବେହାଗ। ଯାହା ପ୍ରତିଟି ବ୍ୟକ୍ତିର ହୃଦୟକୁ ଯନ୍ତ୍ରଣା ଜର୍ଜରିତ କରିବା ପାଇଁ ଅଭିପ୍ରେତ। ପ୍ରତିଟି ଶବ୍ଦାୟିତ ଅକ୍ଷର ସତେ ଯେପରି ଏ ବିଶ୍ୱର ଏକ ନୂଆ ଅଭିଧାନ। ପ୍ରତିଟି ଶବ୍ଦରେ କୋଟିକୋଟି ପୃଥିବୀ ବିଲୀନ। ସେହି ଶବ୍ଦର କି ସମ୍ମୋହିନୀ ଶକ୍ତି ଅଛି କେଜାଣି କାବ୍ୟ ନାୟକ ସେଥିପାଇଁ କହେ-

"ପ୍ରତିଟି ଅକ୍ଷରେ ତୋ'ର ନୂଆ ନୂଆ ଇତିହାସ
ପ୍ରତିଟି ଶବ୍ଦରେ ତୋ'ର କୋଟି କୋଟି ପୃଥିବୀ ବିଲୀନ

ଶବ୍ଦର ଭାବରେ ପୁଣି ଏତେ ନୂଆ ସ୍ୱପ୍ନ ଥାଏ
ଶବ୍ଦଟିଏ ଏ ବିଶ୍ୱର ନୂଆ ଅଭିଧାନ।"

ପ୍ରେୟସୀର ଚିଠିକୁ ବାରମ୍ବାର ପଢ଼ିବା ପାଇଁ ଧରାବତରଣ କରୁଛି କାବ୍ୟ ନାୟକ। 'ସମୟ ବିଷାଦ ନଈ'ରେ ପ୍ରେମ ଏକ ପ୍ରଜ୍ୱଳିତ ଯଜ୍ଞକୁଣ୍ଡ। ଯେଉଁଠି ବିରହ ବାରମ୍ବାର ଦଗ୍ଧହୋଇ ବାହାରୁଛି ଶୁଦ୍ଧ ସୁବର୍ଣ୍ଣ ପରି। ଆକାଂକ୍ଷିତ ସେହି ଚରୁଅନ୍ନ, ଯାହାକୁ ସେବନ କରି ବିରହର ତାପିତ ହୃଦୟ ହେଉଛି ଶାନ୍ତ ଏବଂ ତୃପ୍ତ। ଏ ବିରହରେ କାମନା ନାହିଁ, ଅଛି କାମନା ବିହୀନ ଦହନର ଜ୍ୱାଳା।

କବି ଗୌତମ ଜେନାଙ୍କର 'ସମୟ ବିଷାଦ ନଈ' ର କାବ୍ୟ ଭୂମିରେ ଗୌତମୀ କେତେବେଳେ ପାଠକୀୟ ସୂକ୍ଷ୍ମ ଦୃଷ୍ଟିରେ ପ୍ରେମିକା ତ କେତେବେଳେ ପ୍ରେୟସୀ ଆଉ କେତେବେଳେ କଳ୍ପଲୋକର ବିଦେହୀ ସୁନ୍ଦରୀ। ଏହି ରହସ୍ୟବାଦୀ ଭାବଚେତନା ଗୌତମ ଜେନାଙ୍କ କବିତ୍ୱର ଏକ କାବ୍ୟିକ ଝଲକ। ସାଧାରଣ ଭାବେ କବି ଜଣେ ରକ୍ତ ମାଂସ ଦେହଧାରୀ ସଂସାରୀ। ଆସିଲାବେଳେ ସେ ଏକା ଆସିଥିଲେ, ଗଲାବେଳେ ମଧ୍ୟ ଏକା ଯିବାକୁ ହେବ। ବୈବାହିକ ଯୁଗଳବନ୍ଦୀ ଯାଉଳି ଜୀବନ ଦେହ ମନର ଏକ ମିଶ୍ରିତ ରାଗିଣୀ ବୋଲିବାକୁ ହେବ। ଏକ ର ଅବର୍ତ୍ତମାନରେ ଅନ୍ୟର ଜୀବନ ଅପବିତ୍ର, ଅଲୋଡ଼ା, ବ୍ୟଥାୟିତ, କ୍ଷୁଣ୍ଣ, ଖଣ୍ଡିତ। ସେ ବ୍ୟଥା ବେଦନା ବଚନ ବିଷୟରେ ବଖାଣିବା ଅସମ୍ଭବ। ଅନୁଭବିର ଅନୁଭବରେ ଯାହା ଖାଲି ବ୍ୟକ୍ତ। ବ୍ୟକ୍ତିର ସେହି ଅସହଣୀ ଅବ୍ୟକ୍ତ ଯନ୍ତ୍ରଣା ନୈର୍ବ୍ୟକ୍ତିକ ଭାବନାକୁ ନେଇ ଯାହା ବ୍ୟକ୍ତ ହୋଇଛି କାବ୍ୟ ପୃଷ୍ଠାରେ। ପତ୍ନୀ ବିୟୋଗରେ ବିଦଗ୍ଧ କବି ଅଭିମନ୍ୟୁ ସାମନ୍ତସିଂହାରଙ୍କ ରାଧା ଚରିତ୍ର ପରି।

"ଏକି ଦହଗଞ୍ଜ ଆରେ ପ୍ରାଣପ୍ରିୟା ଗୌତମୀରେ
ଅବୁଝା ମାନିନୀ ମୋର ଚାଲିଗଲୁ ଏକା ଛାଡ଼ିଦେଇ
କାହା ସାଙ୍ଗେ ବୁଲିବି ମୁଁ ବନପ୍ରାନ୍ତ
ଆଲୋକ ଅନ୍ଧାର ଆଉ ପାପପୁଣ୍ୟ ସୀମା ସରହଦ
କିଏ ମୋର ଆଜୀବନ ଭାବ ଆଉ ଅଭାବର
ଏକମାତ୍ର ଅଂଶୀଦାର କୋମଳ ଦରଦ

XXX

ମୃତ୍ୟୁର ନାରାଚ୍ କେବେ କରୁଣା କରିବ ମୋତେ
ମୋ' ପ୍ରେମର ଅର୍ଥ ମୋତେ ଦେଇ।"

ଆଧୁନିକ ଜୀବନଚର୍ଯ୍ୟା ବଡ଼ ବିଷାଦରେ ଭରା। କବିବର ଯୁଗସ୍ରଷ୍ଟା ରାଧାନାଥ ରାୟ ସେଥିପାଇଁ ଜୀବନ ଚର୍ଯ୍ୟାର ସୁଖକୁ "ଚିର ହା ହା ମୟ ଏ ଛାର ଜୀବନ / ଜୀବନ ନୁହେଁ ସେ ଜୀବନ୍ତ ମରଣ" ବୋଲି କହିଛନ୍ତି। କବି ରମାକାନ୍ତ ରଥ ତାଂକ 'ଲଣ୍ଡନ' କବିତାରେ ତାଙ୍କ ପ୍ରେମିକାକୁ ଉପଲକ୍ଷ୍ୟ କରି ଆଜିର ସାଂପ୍ରତିକ ଜୀବନଚର୍ଯ୍ୟାର ବ୍ୟଥା ବେଦନାକୁ ଅନ୍ତତଃ ଥରେ ଅନୁଭବିବାକୁ ଯାଇ କହିଛନ୍ତି-

"ମୁଁ ଜଳୁଛି ଓ ଜଳୁଛି
ତୀବ୍ର ଦରଜରେ
ମିଡ଼ିୟମ ଧୋତି ଆଉ ଇସ୍ତ୍ରୀକରା
ଅଧା କାମିଜରେ।"

କିଂତୁ ଏ ବ୍ୟଥା ବେଦନା 'ଶ୍ରୀରାଧା'ରେ ଯେତିକି ତୀବ୍ର ତାହାଠାରୁ ବହୁ ଗୁଣରେ ଅଧିକ ଦୁଃଖ ଓ ସନ୍ତାପିତ ପ୍ରାଣର ଉଚ୍ଛ୍ୱାସ 'ସମୟ ବିଷାଦ ନଈ'ରେ ଯେକୌଣସି ପାଠକ ଅନୁଭବ କରିପାରିବ। ଗୋଟିଏ ପାର୍ଶ୍ୱରେ ଏକ ପୌରାଣିକ ଚରିତ୍ର ଓ ଅନ୍ୟପାର୍ଶ୍ୱରେ ଗୌତମୀ ପରି ଏକ କାଳ୍ପନିକ ଚରିତ୍ରକୁ ମହାୟସୀ କରି ସଜେଇବାର ନିଷ୍ଠା ତଥା ଆଂତରିକତା ଅଧିକ ସମ୍ବେଦନଶୀଳ ମନେହୁଏ। କାବ୍ୟପୁରୁଷଙ୍କୁ କୃଷ୍ଣ ଭାବରେ ଅଭିହିତ କରି ଓ ଗୌତମୀକୁ ଶ୍ରୀରାଧାର ରୂପାନ୍ତର ଭାବରେ ବାସ୍ତବ ଭୂମିରେ ଅବତୀର୍ଣ୍ଣ କରାଇବା କବି ଶ୍ରୀ ଜେନାଙ୍କର କାବ୍ୟ କାରିଗରୀ କୌଶଳର ମହନୀୟତାକୁ ପ୍ରତିପାଦନ କରିବା ପାଇଁ ଯଥେଷ୍ଟ। ବିଧିର ବିଧାନ, ନିଷ୍ଠୁର ସମୟ, ମାଟିର ମୋହ ଭିତରେ ଗୌତମୀ ପ୍ରକାଶ କରିଛି "କୃଷ୍ଣ କେବେ ଜହ୍ନ ଆଉ ସ୍ମୃତିର ଦଂଶନ ନେଇ / ବିରହରେ ଲୁହ ଝାରିଥିଲା!"- ଏହି ଗୋଟିଏ ପାଦରେ ପାପପୁଣ୍ୟର ସମସ୍ତ ସୀମା ସରହଦକୁ ଡେଇଁ ଗୌତମୀର ଜାଜ୍ଜ୍ୱଲ୍ୟମାନ ଚରିତ୍ର ଶ୍ରୀରାଧାର ଭାବନାଠୁ ବହୁ ଆଗକୁ ଚାଲିଯାଇଥିବାର ଅନୁଭୂତ ହୁଏ। ସେଥିପାଇଁ କାବ୍ୟପୁରୁଷ କହେ- "ତୁ ଗୌତମୀ ରାଧା ମୋର / ଏକମାତ୍ର କୃଷ୍ଣର ପ୍ରେମିକା" - ଓ ଏହି ଉତ୍ତରିତ ଭାବ 'ସମୟ ବିଷାଦ ନଈ'ର ସମଗ୍ର କାବ୍ୟଚେତନାକୁ ଆଚ୍ଛାଦିତ କରି ରଖିଥିବା ପରି ମନେହୁଏ। ପ୍ରାକୃତିକ ଦୃଶ୍ୟ ବର୍ଣ୍ଣନାରେ ବଗିଚା, ନଈ, ପାହାଡ଼, ପର୍ବତ, ହ୍ରଦ, ଅଣଚାଶ ପବନ, ଫଟାକିଆରୀ, ଖରାଦିନ ନିଛାଟିଆ ବାଟ, ସବୁ କିଛିର ଅବତାରଣା ପ୍ରତୀକାତ୍ମକ ଭିତରେ ବ୍ୟଥାହତ କାବ୍ୟନାୟକର ଜୀବନଚର୍ଯ୍ୟାର ବିକଳ ବିଧ୍ୱତ ଇସ୍ତାହାର ଭାବରେ ଅନୁଭୂତ ହୁଏ। କବି ଗୌତମ ଜେନାଙ୍କ ଏ ଜ୍ୱଳନ ମର୍ମାନ୍ତିକ ଓ ବେଦନାବିଦଗ୍ଧ, "ଜଳିଯାଏ କେମିତି ମୁଁ ନିଆଁ ଧରା ସିଗାରେଟ୍ ହୋଇ" ଜ୍ୱଳନର ଯନ୍ତ୍ରଣା ସହ ତୁଳି ବସି ସାର୍ଥକ କାବ୍ୟିକ ଶିଳ୍ପ ଚିତ୍ରକଳ୍ପର ଅବତାରଣା

କରିଛନ୍ତି କବି, ଯାହା ହୃଦ୍ୟ ଓ ବାସ୍ତବ ମନେ ହୋଇଛି। ଏଠାରେ ବ୍ୟକ୍ତିର ମର୍ମାନ୍ତିକ ଜୀବନବୋଧ ନୈର୍ବ୍ୟକ୍ତିକ ଅନ୍ତରର ଭାବ ଚେତନାକୁ ପ୍ରକାଶିବାରେ ଏକ ସାର୍ଥକ ରୂପରେଖ ନେଇଛି। ସବୁ ବେଦନା ବିଦଗ୍ଧ ପ୍ରେମିକ ଅନ୍ତରର ଏହା ଯେପରି ଆଗ୍ନେୟଗିରିର ଲାଭା ଉଦ୍‌ଗିରଣର ଉଦାହରଣ। କାବ୍ୟନାୟକର ଅତ୍ୟାଧୁନିକ ଜୀବନାଲେଖ୍ୟର ମାର୍ମିକ ଅଭିବ୍ୟକ୍ତି ସତେ ଯେପରି ଏଠାରେ ବିଷାଦର ନଈଟିଏ ହୋଇ ବହିଯାଉଛି-

"ଆହା କେତେ ନିରୀମାଖି ଏ ସମୟ ନଈପରି
ଆହା କି ବିଷାଦଭରା ବସୁନ୍ଧରା ଯାଉଅଛି ଛାଇ
ଗୌତମୀର ପ୍ରେମ, ସ୍ମୃତି, ଇତିହାସ, ଉତ୍ତରଣ
ବହୁଅଛି କାହାଣୀର ଛିନ୍ନ ପୃଷ୍ଠା ହୋଇ
ବିଷାଦରେ ଭାସମାନ ଏ ସମୟ
ବହିଯାଏ ବିଷାଦରେ ସମୟର ନଈ।"

କବି ଗୌତମ ଜେନାଙ୍କର 'ସମୟ ବିଷାଦ ନଈ' ସଂକଳନଟି ୧୦ଟି କବିତା ପରିଚ୍ଛେଦ ଭିତରେ ଅଭିବ୍ୟକ୍ତ। କବିତାର ପୃଷ୍ଠଭୂମି ପ୍ରେମ ହେଲେ ସ୍ମୃତି, ଅନୁଭୂତି, ଇତିହାସ, ଉତ୍ତରଣ ସବୁ କାହାଣୀର ଛିନ୍ନପୃଷ୍ଠା ରୂପେ ଭାସମାନ। ତେଣୁ ବିଷାଦରେ ଭାସମାନ ଏ ସମୟ / ବହିଯାଏ ବିଷାଦରେ ସମୟର ନଈ।

'ସମୟ ବିଷାଦ ନଈ'ରେ ଗୌତମୀୟ କାବ୍ୟ ଭାବନା ଦୈହିକ କାମନା, ବାସନା ଯାତନାଠାରୁ ଉର୍ଦ୍ଧାୟିତ ହୋଇ ଆଧିଭୌତିକ ଚେତନା ଦେଇ ପ୍ରଲମ୍ବିତ। ସାଂଗୀତିକତାର ଭାବସାନ୍ଦ୍ରତା ତାଙ୍କ କାବ୍ୟ ପରିବେଷଣର ଏକ ସ୍ୱତନ୍ତ୍ର ବିଭାବ ଓ ବିଭବରୂପେ ଦେଖାଦେଇ ପାଠକୀୟ ଉତ୍‌କଣ୍ଠା ତଥା ଆଗ୍ରହ ଆନନ୍ଦକୁ ବଢ଼ାଇ ପାରିଛି। କାବ୍ୟ ନାୟକ କେଉଁଠି ନିଜକୁ ରସିକ ଶେଖର କଳାକାହ୍ନୁ କୃଷ୍ଣ ବୋଲି ପରିକଳ୍ପିତ କରାଇ ଢଳଢଳ ଲୁହର ଝରଣାରେ ନିର୍ଝରି ଯାଇ ଗୌତମୀ ରୂପକ ରାଧା ରାଣୀଙ୍କୁ ସମ୍ବୋଧୀଛନ୍ତି:-

"ଗୌତମୀରେ କୃଷ୍ଣ ତୋ'ର
ଢଳଢଳ ଲୁହର ଝରଣା ବାହି
ଅସହଣୀ ବେଦନାରେ ତତେ ଖୋଜୁଥାଇ
ତୁ ଗୌତମୀ ରାଧା ମୋର
ଏକମାତ୍ର କୃଷ୍ଣର ପ୍ରେମିକା।"

ବିରହ ବ୍ୟଥାହତ କବିମନ ଏଠାରେ ମାଟି, ପାଣି, ପବନର ଚିତ୍ରାୟିତ ଭୂମିକୁ ଅତିକ୍ରମି ଇନ୍ଦ୍ରିୟାତୀତ ଇଲାକାରେ ପରିଭ୍ରମଣ କରି ସ୍ୱପ୍ନଲବ୍ଧ ପ୍ରିୟ ପ୍ରତିମାକୁ ଆବିଷ୍କାର କରିବସିଛି ।

"ଯେଉଁଠି ବି ତୁ ରହିଥା
ଦୃଶ୍ୟ ବା ଅଦୃଶ୍ୟ ହୋଇ
ଏ ସୃଷ୍ଟିର ମାନଚିତ୍ରେ ଅପେକ୍ଷାରେ ରହି
ତୋତେ ଆଜି ଖୋଜିଯିବି
ସ୍ୱପ୍ନର ଆକାଶ ଡେଇଁ
ଲୁହର ସମୁଦ୍ର ଡେଇଁ
ଆତ୍ମଜ୍ଞାନେ ସବୁଶାସ୍ତ୍ର, ସବୁକାବ୍ୟ ଖେଳେଇ ଖେଳେଇ ।"

ରାତ୍ରିର ଘନ ଅନ୍ଧକାର ଭିତରେ ଯେତେବେଳେ ପରିଦୃଶ୍ୟମାନ ଜଗତ ନିଶୂନ, ନିର୍ଜନ, ସ୍ତବ୍ଧ ସେତେବେଳେ ଗୌତମୀର ଭାବନାରେ କବି ଗୌତମଙ୍କ ଚିନ୍ତାମାନସ ଭାବମଗ୍ନ । ଗୌତମୀଙ୍କ ପ୍ରତୀକ୍ଷାରେ ତାଙ୍କ ଦିନ କଟେ । ଆସବ ଆସିବ ବୋଲି ଆସେ ନାହିଁ । ବରଂ ଏ ଦୂରତା ପ୍ରାଣରେ ସ୍ଥିତି ସ୍ଥାପକତାର ଧୀରତା ଆଣେ । ସ୍ୱଭାବ କବି ଗଙ୍ଗାଧରଙ୍କ ତପସ୍ୱିନୀ କାବ୍ୟର ନାୟକ ରାମଚନ୍ଦ୍ରଙ୍କ ଅନୁଚିନ୍ତାରେ ସେ ଭାବ ସାନ୍ତ୍ୱନାର ପ୍ରଲେପ ଯେପରି ବୋଲିଥାଏ- ମନେ ଯେବେ ସଙ୍ଗ, ହୋଇ ନାହିଁ ଭଙ୍ଗ, ସେହି ସୁଖ ସୁଖେ ଗଣ୍ୟ, କାରଣ ସ୍ଥୁଳ କଳେବର ଅମର ନୁହେଁ, ଅମର କେବଳ ମନ । ନିବିଡ଼ ସଂପର୍କ ଜୀବିତାବସ୍ଥାରେ ଆତ୍ମୀୟ ଭାବଚେତନାକୁ ବିନାଶ କରିପାରେନା । ଯେତେଦୂରେ ଥିଲେ ଯେ ଯାହାର ସେ ତାହାର ନ୍ୟାୟରେ ପ୍ରୀତି ଅଚ୍ଛେଦ୍ୟ, ଅଭେଦ୍ୟ ।

'ସମୟ ବିଷାଦ ନଈ' ସଂକଳନର ଦ୍ୱିତିୟାର୍ଦ୍ଧକୁ କବି 'ଚଉଦାଳୀ' ନାମରେ ନାମିତ କରିଛନ୍ତି । ସଂକଳନର ପ୍ରଥମାଂଶ ଦଶଟି ଓ ଚଉଦାଳୀ ଶୀର୍ଷକରେ 'ଚଉଦ' ଗୋଟି ଏହିପରି ସର୍ବମୋଟ ଚବିଶ ଗୋଟି କବିତାରେ ଏହାର କଳେବର ସମୃଦ୍ଧ । ଚଉଦାଳୀ ଶବ୍ଦ କବିଙ୍କର ନୂତନ ସୃଷ୍ଟି, ଯାହା ଓଡ଼ିଆ ଅଭିଧାନକୁ ତାଙ୍କର ଅନବଦ୍ୟ ଦାନ । ପ୍ରତ୍ୟେକଟି ଚଉଦାଳୀ ସ୍ୱୟଂ ସଂପୂର୍ଣ୍ଣ । ପୁଣି ଭାବଦୃଷ୍ଟିରୁ ପ୍ରତ୍ୟେକ ଅନ୍ୟଟିର ଅବିଚ୍ଛେଦ୍ୟ ଅଂଶ । ସନ୍ନିବେଶିତ ସମସ୍ତ କବିତାକୁ ଯୋଡ଼ିଦେଲେ ଅଖଣ୍ଡ ପ୍ରେମର ମହାକାବ୍ୟର ଦ୍ୟୋତନା ସୃଷ୍ଟି କରିବାରେ ଏହା ସମର୍ଥ । ସାଙ୍ଗୀତିକତା ସହ ଭାବବସ୍ତୁର ଏକ ସଫଳ ସମନ୍ୱୟ ଆଣିବାରେ ସନେଟ୍‌ର ପ୍ରମୁଖ କାରଣ ନିହିତ । ଆମ ଓଡ଼ିଆ ସାହିତ୍ୟ ପାଇଁ 'ଚଉଦାଳୀ' ଏକ ନୂତନ ନାମକରଣ ପ୍ରୟୋଗ । ଇଂରାଜୀ ସାହିତ୍ୟର

ସନେଟ୍ (sonnet) ଶୈଳୀରେ ଭକ୍ତ କବି ବ୍ରହ୍ମଙ୍କ ମଧୁସୂଦନ ରାଓ ଯେଉଁ କବିତାମାନ ରଚନାକଲେ ସମାଲୋଚକମାନେ 'ଚତୁର୍ଦ୍ଦଶ ପଦୀ' କବିତା ଭାବରେ ନାମିତ କଲେ। ଓଡ଼ିଆ ସାହିତ୍ୟରେ ସଫଳ ସନେଟ୍ ବା ଚତୁର୍ଦ୍ଦଶ ପଦୀ କବିତା ରଚନାକାରଙ୍କ ମଧ୍ୟରେ ଡକ୍ଟର ମାୟାଧର ମାନସିଂହ, ଗୁରୁପ୍ରସାଦ ମହାନ୍ତି, ବିଭୁଦତ୍ତ ମିଶ୍ର, ଗିରିଜା କୁମାର ବଳିଆରସିଂହଙ୍କ ନାମ ଆଖି ଆଗକୁ ଆସିଥାଏ। ପରବର୍ତ୍ତୀ ସମୟରେ ଅନେକ ପ୍ରଥିତଯଶା କବି ମୁକ୍ତଛନ୍ଦର କେତୋଟି ହାତଗଣତି ସନେଟ୍ ରଚନା କରିଥିବାର ଦୃଷ୍ଟିକୁ ଆସିଥିଲେ ମଧ୍ୟ କବି ଗୌତମ ଜେନାଙ୍କ ରଚିତ ଚଉଦଟି ସନେଟ୍ ବା 'ଚଉଦାଳୀ' ନାମରେ ନାମିତ କବିତା ଏକ ସ୍ୱତନ୍ତ୍ର ମର୍ଯ୍ୟାଦା ଦାବି କରେ। ସନେଟ୍‌କୁ ଚଉଦାଳୀ ନାମରେ ଆଖ୍ୟାୟିତ କରିବାର ପରଂପରା ବା ଦୃଷ୍ଟାନ୍ତ ଓଡ଼ିଆ ସାହିତ୍ୟରେ କୁତ୍ରାପି ପରିଦୃଷ୍ଟ ହୁଏ ନାହିଁ। କବି ଗୌତମ ଜେନାଙ୍କର ଏହି ଚଉଦାଳୀ ଶବ୍ଦକୁ ଇଂରାଜୀ ସନେଟ୍ ବା ଓଡ଼ିଆ ଚତୁର୍ଦ୍ଦଶ ପଦୀ କବିତାର ଏକ ନୂତନ ନାମରେ ଗ୍ରହଣ କରିବାରେ କୌଣସି ଅଯୌକ୍ତିକତା ନାହିଁ। ଓଡ଼ିଆ କବିତା ଜଗତରେ କବି ଗିରିଜା କୁମାର ବଳିଆରସିଂହ ଏହି ଚଉଦାଳୀକୁ ସମର୍ଥ ଜଣାଇ ଏହି ଧାରାର ଜଣେ ସଫଳ ଏବଂ ସାର୍ଥକ କାବ୍ୟସ୍ରଷ୍ଟା ଭାବରେ ପରିଦୃଷ୍ଟ ହୋଇଥାନ୍ତି।

କବି ଗୌତମ ଜେନାଙ୍କ 'ଚଉଦାଳୀ'ରେ ଗଭୀର ଦାର୍ଶନିକ ଅନୁଚିନ୍ତା, ଜୀବନାନୁଭୂତର ସୂକ୍ଷ୍ମ ରୂପାୟନ ଘଟିଛି ତାଙ୍କ ଅନୁଭବରେ। 'ଚଉଦାଳୀ'ର ପ୍ରାରମ୍ଭ ପର୍ଯ୍ୟାୟରେ କାବ୍ୟନାୟକ କାବ୍ୟନାୟିକାରେ ସତ୍ତାକୁ ଭୂମିରୁ ଭୂମା ପର୍ଯ୍ୟନ୍ତ ଅନୁଭବ କରିଛନ୍ତି। କାବ୍ୟ ନାୟିକା ଏଠାରେ ଆଉ ରକ୍ତମାଂସର ନାରୀଟିଏ ନହୋଇ ବରଂ ଏକ ମୁଗ୍ଧ ଅନୁଭବ ଭାବରେ ଚିତ୍ରିତ। ଏହି ଊର୍ଦ୍ଧ୍ୱାୟିତ ଚିନ୍ତା ଚେତନାର ବଳୟ ଭିତରେ ପ୍ରେମ, ମିଳନ, ବିରହ, ବ୍ୟର୍ଥତା, ଅନୁଚିନ୍ତା ସବୁକିଛି ଅବୋଧ୍ୟ, ଅଜଣା। ଏକ ମାତ୍ର ସତ୍ୟ 'ତମ'ର ଅସ୍ତିତ୍ୱ ଯେଉଁଠି ସ୍ତମ୍ଭ ସଦୃଶ ଦଣ୍ଡାୟମାନ। ଏହି ଅସ୍ତିତ୍ୱର ସ୍ଥିତି ଦେହରେ ନାହିଁ, ମନରେ ନାହିଁ, ଅଛି ଆତ୍ମାରେ। କାବ୍ୟ ନାୟିକା ରକ୍ତ ମାଂସର ନାରୀ ନହୋଇ ହୋଇଛି ହ୍ଲାଦିନୀ ଶକ୍ତି। ସେହି ହ୍ଲାଦିନୀ ଶକ୍ତିର ଚେତନାକୁ କାବ୍ୟ ନାୟକ ଖୋଜିଛି ନିଜ ହୃଦୟ ଅଭ୍ୟନ୍ତର ପ୍ରଦେଶରେ। ସୃଷ୍ଟିର ସମସ୍ତ ପଦାର୍ଥ ଭିତରେ କାବ୍ୟ ନାୟକ ତାକୁ ହିଁ ଅନୁସନ୍ଧାନିଛି। ଶରୀର ତତ୍ତ୍ୱର ଊର୍ଦ୍ଧ୍ୱ ଭାବରେ କବିମନ ସଂଚରିତ ତଥା ଅଭିମନ୍ତ୍ରିତ। ପ୍ରତିଟି ମୁହୂର୍ତ୍ତରେ ଯେଉଁଠି କବିର ଅତୃପ୍ତ ମନଟି ଖୋଜି ବୁଲିଛି ପ୍ରେମର ସେହି ପରିପୂର୍ଣ୍ଣ ରୂପକୁ।

'ଚଉଦାଳୀ'ର ନଅ ଅନୁଚ୍ଛେଦରେ ମଣିଷ ଜନ୍ମର ସର୍ବଶ୍ରେଷ୍ଠ ସାର୍ଥକତା ନେଇ ପ୍ରେମ ମଧ୍ୟରେ ରହିବାର ଉପଲବ୍ଧି କରିଛି କାବ୍ୟପୁରୁଷ। ପ୍ରତିଟି ମୁହୂର୍ତ୍ତରେ

ଅପୂର୍ଣ୍ଣ ମନଟି ଖୋଜିଛି ପ୍ରେମର ପୂର୍ଣ୍ଣତମ ରୂପ ପରିଗ୍ରହକୁ। ଚମତ୍କାର ଚିତ୍ରକଳ୍ପରେ ଆରମ୍ଭ ହୋଇଛି 'ଚଉଦାଳୀ'ଟି -

"ଆକାଶେ ଆକାଶେ ମେଘ ତୋ' ଆଖିର କଜ୍ଜଳରେ ଲୁହକୁ ମିଶାଇ
ଆକାଶ ଦୁଆତଟିଏ କିଏ ଅବା ଭରି ଦେଇଅଛି କଳାସ୍ୟାହି
ବରଷା ଝରିଲେ ଲାଗେ
ତୋ କଲମୁ ବର୍ଣ୍ଣମାଳା ଝରିପଡ଼େ ଲେଖିବାକୁ ପ୍ରେମର ଚିଟାଉ
ପୃଥିବୀ ପରି ମୁଁ ଅବା ଛୋଟିଆ କାଗଜ ଫର୍ଦ୍ଦେ
ଚିଠି ଲେଖା ନ ସରଇ ଆଉ।" ବା
"ଘର ମୁଁ ଖୋଲୁଛି ଜାଣ ଘରେ ମୋର ତମେ ଏକା
ମୋତେ ଠେଲି ପଶିଆସେ ଝଲକା ପବନ
ହେ ମୋର ପ୍ରେମର ଧୂମ! ଜଣାଶୁଣା ବାସ୍ନା ମୋର
ବାରଂବାର କରୁଥାଅ ମୋତେ ଆଲିଙ୍ଗନ।
ପବନ ବହୁଛି ଦେଖ
ଏଣେ ତେଣେ ଯାଏ ଉଡ଼ି ଦୂରାଂତକୁ ହୋଇ ପୋଡ଼ି
ମୋ ଦୁଃଖ ପାଉଁଶ
ଆଲୋକିତ ଯାଏ ହୋଇ ଏ ଘରର ପ୍ରତିକୋଣ
ଯେମିତିକା ଝକମକି ଆଲୋକ ଝଲକ।"

କବିର ଶବ୍ଦ ସଂଯୋଜନାର ସାଫଲ୍ୟ ପାଠକକୁ ଏଠାରେ ଚମତ୍କୃତ କରାଇଥାଏ। ଏଠାରେ ପ୍ରକାଶଭଂଗୀର ସ୍ୱଚ୍ଛତା, 'ଚଉଦାଳୀ'ଗୁଡ଼ିକର ଅନ୍ୟତମ ବୈଶିଷ୍ଟ୍ୟ ଓ ବୈଚିତ୍ର୍ୟ। ଛନ୍ଦର ସୁନ୍ଦର ବନ୍ଧନ ଓ ମଧୁର ଉଚ୍ଚାରଣରେ ପ୍ରତ୍ୟେକଟି ଶବ୍ଦ ଯେମିତି କୋମଳ, ଭାବର ତୀବ୍ରତାରେ ସେମିତି ମହାସମୁଦ୍ରପରି ବିସ୍ତୃତ, ବିଶାଳ ଓ ଗଭୀର। 'ଚଉଦାଳୀ' ଗୁଡ଼ିକର ଶବ୍ଦ ସଂଯୋଜନା ଓ କାବ୍ୟିକ ବ୍ୟଞ୍ଜନାର୍ଥ କବିତାଗୁଡ଼ିକୁ କରିଛି ଅନନ୍ୟ ଓ ଅନବଦ୍ୟ। ପ୍ରାପ୍ତି-ଅପ୍ରାପ୍ତି, ସ୍ୱପ୍ନ ଓ ସ୍ୱପ୍ନଭଙ୍ଗ ମଧ୍ୟରେ ପ୍ରେମର ଅଲିଭା ଦୀପଟି ଏଥିରେ ପ୍ରଜ୍ୱଳିତ ହୋଇଛି। ବିଚ୍ଛେଦ ମଧ୍ୟରେ ମିଳନର ଯେଉଁ ସମ୍ଭାବନାଟି ଜାଗରୁକ, ଦେହର କାରାକକ୍ଷରେ ବିଦେହୀର ଯେଉଁ ସତ୍ତାଟି ଉଜ୍ଜୀବିତ ତାହା ହିଁ ହେଉଛି 'ସମୟ ବିଷାଦ ନଈ' ର ବୈଶିଷ୍ଟ୍ୟର ବୈଚିତ୍ର୍ୟ। ପ୍ରେମର ଦାବ ଦହନରେ ଏତେ ଆପଣାପଣ ପୁଣି ଏପରି ଅବିମିଶ୍ର, ଅପୂର୍ଣ୍ଣତା ମଧ୍ୟରେ ପରିପୂର୍ଣ୍ଣତାର ଏତେ ମାଧୁର୍ଯ୍ୟ, ସର୍ବୋପରି ଅପ୍ରାପ୍ତି ମଧ୍ୟରେ ପ୍ରାପ୍ତିର ଏମିତି ସମ୍ଭାବିତ ଉଚ୍ଚାରଣର ଉତ୍ତରାୟଣ ଥାଇପାରେ 'ସମୟ ବିଷାଦ ନଈ' ପାଠ ନକଲେ ସହଜରେ ଏ ଅବଧାରଣା କରିବା ସମ୍ଭବପର ନୁହେଁ।

ପ୍ରେମ, ବିଷାଦ ଓ ମୃତ୍ୟୁର ଗଡ଼ଖାଇ: ଗୌତମ ଜେନାଙ୍କ "ସମୟ ବିଷାଦ ନଈ"

ଡକ୍ଟର ସତ୍ୟପ୍ରିୟ ମହାଲିକ

"The powering of a new and greater self- vision of man and nature and existence into the idea and the life is the condition of the completeness of the coming poetry."

- Sri Aurobindo
(The future poetry)

ଗୌତମ ଜେନାଙ୍କ 'ସମୟ ବିଷାଦ ନଈ' କବିତା ପୁସ୍ତକରେ କାଳବୋଧ ଓ ଆତ୍ମଦୃଷ୍ଟିର ସମାନ୍ତରାଳ ପ୍ରକ୍ଷେପଣ ଯେପରି ତୀବ୍ର ଓ ସଂଘାତପୂର୍ଣ୍ଣ, ସେପରି ପ୍ରାକୃତିକ ଓ ଅସ୍ତିତ୍ୱ ସଂପନ୍ନ। ଶ୍ରୀଅରବିନ୍ଦଙ୍କ ଉକ୍ତିପରି ଭବିଷ୍ୟତର କବିତା ସ୍ୱୟଂସଂପୂର୍ଣ୍ଣ ସ୍ଥିତାବସ୍ଥାର ଏକ ମହିମାମୟ ଉପସ୍ଥିତି। କବିତାରେ ପ୍ରେମ, ପ୍ରଣୟ, କାଳବୋଧ ଓ ଜୀବନଦୃଷ୍ଟି, ମୃତ୍ୟୁବୋଧ ଓ ଝୁରିହେବାପଣ କବିତାକୁ ନିୟନ୍ତ୍ରିତ କରିଛନ୍ତି। କବିର ବ୍ୟକ୍ତିଗତ ଅନୁଭବ ଓ ଜୀବନ ବଞ୍ଚିରହିବା ବା ଘାରିହେବାର ଏକଲାପଣ କିପରି କବିତାର ବୀଜସୂତ୍ର ହୋଇ ଉଭା ହୋଇଛି ତାହା ଦେଖିବାର କଥା।

"ସମୟ ବିଷାଦ ନଈ" ପୁସ୍ତକରେ ଅଛନ୍ତି ସମୁଦାୟ ୨୪ଟି (୧୦+୧୪) କବିତା। ପ୍ରଥମ ଦଶଟି କବିତାରେ ଗୌତମୀକୁ ହରେଇବା, ଝୁରିହେବା ଓ ପୁଣି ସ୍ମୃତିରେ ବଞ୍ଚିବାର ପ୍ରେମ ଓ ବିଷାଦ ଥିଲାବେଳେ 'ଚଉଦାଳୀ' ପ୍ରଭାଗରେ ରହିଛି ବିଷାଦ ଓ ପରିପକ୍ୱ ଆତ୍ମଦୃଷ୍ଟିର ଗମ୍ଭୀର ପ୍ରେକ୍ଷାପଟ। କବିତାଗୁଡ଼ିକ ଗୋଟିଏ ଆବେଗରେ ଗୁନ୍ଥି ହୋଇ ରହିଛନ୍ତି। ପ୍ରେମରୁ ଆରମ୍ଭ ହୋଇଥିବା କୋମଳ ଗାନ୍ଧାର ସତେ ଯେପରି ଶେଷ ହୋଇଯାଇଛି ମୃତ୍ୟୁର ଅନିର୍ବାଣ ଯାଚନାରେ।

ପ୍ରେମ ଅଛି ମାନେ ବିଷାଦ ଅଛି। ବିଷାଦ ଅଛି ମାନେ ଜୀବନ ଦୃଷ୍ଟିର କାତର କାକୁତି ଅଛି। ଜନ୍ମ ଓ ଜନ୍ମାନ୍ତରର କାଳାବଧି ପ୍ରତୀକ୍ଷା ଅଛି। ସମୟ ଓ ସମୟାନ୍ତରର ଗତିଶୀଳତା ଅଛି। ପ୍ରେମର ବିରହରେ ଓ ସ୍ମୃତି ଚାରଣର ବାଂମୟତାରେ କବିତ୍ୱର ସ୍ଫୁରଣ ଅଛି। ପ୍ରେମରୁ ପ୍ରେମାତୀତ ହୋଇଯିବାର ଏବଂ ଦେହରୁ ଦେହାତୀତ ହୋଇଯିବାର ପରିବୋଧ ଅଛି।

ଗୌତମଙ୍କ କାବ୍ୟକକ୍ଷରେ 'ଗୌତମୀ' ଏକ ମିଥ୍। ରାଧା ଓ କୃଷ୍ଣ ଅପ୍ରାକୃତ ପ୍ରେମଲୀଳାର ପ୍ରାକୃତ ପରିଚର୍ଯ୍ୟା 'ସମୟ ବିଷାଦ ନଈ'ରେ ଦୃଶ୍ୟମାନ। କବିତାର ଶାବ୍ଦିକ ଆବେଦନ ଭିତରେ ପ୍ରେମାତୁର କବିର ନୈସର୍ଗିକ ଅନୁରାଗ ସତେ ଯେପରି କରୁଣାର ଫୁଲ ହେଇ ଫୁଟି ଉଠିଛନ୍ତି। ଗୌତମୀର ଚିଠିକୁ ନେଇ କବି କହନ୍ତି:-

> "ଗୋଟିଏ ଶବ୍ଦକୁ ନେଇ
> ଯଦି ମୁହିଁ ଘୂରୁଥାଏ ଜନ୍ମ ଜନ୍ମାନ୍ତର
> ତଥାପି କେବେ ମୁଁ ତାକୁ ବୁଝିନେବି
> ଏ ବିଶ୍ୱାସ ନାହିଁ ତ ମୋହର।" (ପୃ.୮)

ସମୟର କୃତ୍ରିମ ସୀମାରେଖା ବା କାଳଖଣ୍ଡକୁ ପାରହେଇଯିବାର ଅଭୀପ୍ସା କବିଙ୍କ କବିତାରେ ବାରମ୍ବାର ଆସେ। ଯଥା:-

> "ପ୍ରମତ୍ତ ପାଗଳ ପରି ସମୟର ଏ କୂଳରୁ
> ସେ କୂଳକୁ ଲଂଘିଯିବା ନିମିଷକ ମାତ୍ର
> ମୃତ୍ୟୁପରି ଅନ୍ତରଂଗ ବନ୍ଧୁଟିଏ ଫାଙ୍କିଦେବା
> ଏ ନୁହେଁ ବିଚିତ୍ର।" (ପୃ.୧୦)

କବି ପ୍ରେମିକା ଭିତରେ ଭୂମାର ଦର୍ଶନ କରେ। ବିଶ୍ୱରୂପ ଦର୍ଶନ କରେ। ବିଲୀନ ହୋଇଯାଏ ପ୍ରେମାସ୍ପଦା ଭିତରେ। ଯେପରି- 'ପୃଥିବୀର ସବୁ ଯଦି ମିଛ ହୁଏ, ଗୌତମୀ ତୁ ଏକମାତ୍ର ସତ୍ୟ, ଏପରିକି ତୁ ନିଜେ ତ ହୋଇଯାଉ ବର୍ତ୍ତୁଳ ପୃଥିବୀ, ତୋ' ଦେହ ବିଶାଳତାରେ କାହିଁବା ମୋ' ସ୍ଥିତି?' (ପୃ.୧୧) କେତେ ଜନ୍ମ କେତେ ମୃତ୍ୟୁ ପରେ କବି ଇଚ୍ଛାକରେ ଆଉଥରେ ଜନ୍ମ ହେବାପାଇଁ ଏଇ ପୃଥିବୀରେ। ଥରେ ମାତ୍ର ଦେଖା ହେଲାପରେ ନିର୍ବାଣ। ପୁନରପି ଜନମଂ, ପୁନରପି ମରଣଂ। ମୃତ୍ୟୁକୁ ଜୟ କରିବାର ଇଚ୍ଛା ଓ ଜୀବନକୁ କୋଳେଇ ନେବାର ତପସ୍ୟା କବିକୁ କରିଛି ଆଶାବାଦୀ। ରବୀନ୍ଦ୍ର ନାଥଙ୍କ ଭାଷାରେ- "ମରିତେ ଚାଇନା ଆମି ଏ ସୁନ୍ଦର ଭୁବନେ......."।

"ମଣିଷ ଜନ୍ମରେ ପୁଣି
ଏତେ ବ୍ୟଥା, ଏତେ ଜ୍ୱାଳା
ସବୁ ଜାଣି ଇଚ୍ଛାହୁଏ
ଆଉଥରେ ଜନ୍ମିବାକୁ ଏଠି,
ସବୁ ଦୁଃଖ ସବୁ କଷ୍ଟ
ଏକାକାର କରିନେବି ଏ ଦେହେ ତୋ'ପାଇଁ
ଗୋତମୀ ତୁ ! ଥରେ ହେଲେ ଚାଲିଆରେ ମୃତ୍ୟୁ ସୀମା ଡେଇଁ।"

(ପୃ.୧୩)

ଗୋଟିଏ ଦିଗରେ ବାରମ୍ବାର ବଞ୍ଚିବାର ଇଚ୍ଛା, ବାରମ୍ବାର ଜନ୍ମିବାର ଇଚ୍ଛା। ଆଉ ଗୋଟିଏ ଦିଗରେ ସ୍ୱପ୍ନହୀନ ବିଷାଦରେ 'ନିଷ୍ଠୁର ମୁଁ ନିଜ ପାଇଁ, ମୃତ୍ୟୁହୀନ ମୃତ୍ୟୁ ମୁଁ ଗୌତମୀ'।

'ସମୟ ବିଷାଦ ନଈ'ରେ ମୃତ୍ୟୁ ଭୋଗର ରୋମାଣ୍ଟିକ ଅବତାରଣା ଅଛି। ପ୍ରେମ- ବିଚ୍ଛେଦ- ବିଷାଦ ଓ ମୃତ୍ୟୁର ଚତୁରଂଗ ଭିତରେ କବିର ଆତ୍ମା କେତେବେଳେ ମୃତ୍ୟୁକୁ ତା' ନିଜ ଭିତରୁ ହଜେଇ ଦେଇଛି। କବି ମୃତ୍ୟୁ ବିଷୟରେ କହନ୍ତି:

"ଅଭିଶପ୍ତ ଗୌତମୀ ମୁଁ !
ମୃତ୍ୟୁ ମୋତେ ନେବା ପାଇଁ ଯାଇଛି ବିସ୍ମରି।

XXX

ମୃତ୍ୟୁ ମୋତେ ନେଲା ନାହିଁ
ବିଧିର ବିଧାନ ଖାଲି

XXX

ଏଇ ପ୍ରତିଶ୍ରୁତି ନେଇ ଆବଶ୍ୟକହୀନ ମୋ'ର ଏ ଜୀବନ
ନିଜଠାରୁ ମାଗୁଛି ମେଲାଣି
ଫେରିଯାଇ ଏ ମାଟିରୁ ପରିଚ୍ଛନ୍ନ ଆଲୋକରେ
ଭେଟିବି ମୁଁ ଦିନେଯାଇ ଉଦାସୀ ଗୌତମୀ।"

(ପୃ-୨୭)

ସମୟର ଅସୀମ ବିସ୍ତାରତା ଭିତରେ ପ୍ରେମର ପୁଲକିତ ପରିଚର୍ଯ୍ୟା କବି ଓ କବିତାକୁ ଅଭିମନ୍ତ୍ରିତ କରିଚାଲିଛି। ପ୍ରେମାସ୍ପଦା ଚିଠିରେ ବତୁରି ଯାଇଥିବା କୋମଳ କାରୁଣ୍ୟ ଓ ବିଷାଦର ବୌଦ୍ଧଗାନ ଜୀବନ ଓ ମୃତ୍ୟୁର ସନ୍ଧିକ୍ଷଣରେ ଠିଆ କରାଇ ପ୍ରଶ୍ନ

କରିଛି କେଉଁ ଅଦୃଶ୍ୟକୁ। ନିଜକୁ ଅଭିଶପ୍ତ ମନେକରି କହିଛି: 'ଅଭିଶପ୍ତ ଗୌତମୀ ମୁଁ! ମୃତ୍ୟୁ ମୋତେ ନେବାପାଇଁ ଯାଇଛି ବିସ୍ମରି।' ପୁଣି କହିଛି: ମୃତ୍ୟୁ ମୋତେ ନେଲାନାହିଁ ବିଧିର ବିଧାନ ଖାଲି ଖଞ୍ଜିଥିଲା ଏତେ ଦୁଃଖ ମୋତେ ଭୋଗିବାକୁ।

କବିତାଗୁଡ଼ିକରେ ମୃତ୍ୟୁଭୋଗର କାରୁଣିକ ପରିଚର୍ଚ୍ଚା, ପ୍ରେମ ଓ ବିଷାଦର ଅସୀମତା ବେଳେବେଳେ କବିତା ସବୁକୁ ଦର୍ଶନ- ବିଳାସୀ କରିଦେଇଛନ୍ତି।

"କାହିଁ ଯେ ମରୁଚି କେଉଁ ଭାଗ୍ୟ ଅଛି
ମୋତେ ନେବ ମୃତ୍ୟୁର ନିକଟ
କ୍ଷଣିକେ ମରିଲେ କ୍ଷଣେ ଜୀଉଁଅଛି
ଭାଗ୍ୟ ହାତେ ଖେଳନା ମୁଁ
ଅନିଚ୍ଛାରେ କାହିଁକି ଯେ ଭୋଗେ ଏତେ କଷ୍ଟ ?"

(ପୃ-୨୮)

କେତେବେଳେ ମୃତ୍ୟୁର ଅଭିସାର ତ କେତେବେଳେ ବିଷାଦର ଦୋହାଗାନ। କେବେ ଜୀବନ ମୋହର ଅସରନ୍ତି ଆଶାବରୀ ତ କେବେ ମୃତ୍ୟୁଭୋଗର ପ୍ରତ୍ୟାଖ୍ୟାନ। କେବେ କବି କହନ୍ତି:-

'ତୁ ଗୌତମୀ ରାଧା ମୋ'ର
ଏକମାତ୍ର କୃଷ୍ଣର ପ୍ରେମିକା'। (ପୃ.୩୪)

ଆଉ କେବେ କବି କହନ୍ତି:-

'ଗୌତମୀରେ! କୃଷ୍ଣ ତୋ'ର କାହାକୁ ଖୋଜୁଛି ଆଉ ଅପଯଶେ ବଂଶୀ ବାଇ ବାଇ।' (ପୃ.୩୭) କେତେବେଳେ ମାୟାଛନ୍ନ? ଏ ପୃଥିବୀ ପ୍ରହେଳିକାପୂର୍ଣ୍ଣ। କୃଷ୍ଣ କାହିଁ? ନାହିଁ ନାହିଁ ପ୍ରବଞ୍ଚିତ ସବୁ ଏଠି ସବୁ ନାହିଁ ନାହିଁ।

ପୁନଶ୍ଚ: ଏ ସୃଷ୍ଟି ତ ଦ୍ୱାପରର ନୁହେଁ ଆଉ କୃଷ୍ଣ ପାଇଁ ଅବା ରାଧାପାଇଁ। ଜାଣିଜାଣି, କେଉଁ କଥା ଅଛପା ରହିଛି ଆଉ ଗୌତମୀରେ, ଏ ସୃଷ୍ଟିରେ ଆମପାଇଁ, ଏ ଜନ୍ମରେ ଆଉ କିଛି ନାହିଁ। (ପୃ.୪୧) ସେତେବେଳେ କବି ଅନ୍ତତଃ କହିଛନ୍ତି:-

"ଆହା କେତେ ନିରିମାଖୀ ଏ ସମୟ
ନଈପରି,
ଆହାକି ବିଷାଦ ସାରା ବସୁନ୍ଧରା
ଯାଉଅଛି ଛାଇ
ଗୌତମୀର ପ୍ରେମସ୍ମୃତି, ଇତିହାସ, ଉତ୍ତରଣ

ବହୁଅଛି କାହାଣୀର ଛିନ୍ନ ପୃଷ୍ଠା ହୋଇ
ବିଷାଦରେ ଭାସମାନ ଏ ସମୟ
ବହିଯାଏ ବିଷାଦରେ ସମୟର ନଈ।" (ପୃ.୪୮)

କବି ଗୌତମ ଜେନାଙ୍କ କାବ୍ୟ ସୁଷମା କେବେକେବେ ପରିପୂର୍ଣ୍ଣ ହୋଇଛି ଶବ୍ଦ ଓ ଅଳଙ୍କାରର ପ୍ରାଚୁର୍ଯ୍ୟରେ। ଯେତେବେଳେ ସେ ଜୀବନ ଓ ମୃତ୍ୟୁର ଅସରନ୍ତି ଦାର୍ଶନିକତା ଭିତରେ ଅପରିସୀମ ପ୍ରେମାନ୍ତରର କଥା କହୁଛନ୍ତି; ସେତେବେଳେ ସେ କହୁଛନ୍ତି; 'ଅଜ୍ଞାତ ମାଟିର ମୋହଠାରୁ ଭଲ ଅଶରୀର ଦେହ, ଯେଉଁଠି ବିଚ୍ଛିନ୍ନ ଥିବ ଆଲୋକ ଓ ଅନ୍ଧାରର ସରୀସୃପ ମୋହ।' (ପୃ-୪୯)

'ସମୟ ବିଷାଦ ନଈ'ର ଦ୍ୱିତୀୟ ପର୍ବରେ 'ଚଉଦାଳୀ' ପ୍ରଭାଗ ଅଛି। ଚଉଦାଳୀ ପ୍ରଭାଗରେ ଅଛନ୍ତି ଚଉଦଟି କବିତା। ଏ ଚଉଦଟି ଯାକ କବିତା ପୂର୍ବାପର ପ୍ରସଙ୍ଗ ସହିତ ରଚିତ ହୋଇଛନ୍ତି। ମନେହୁଏ, ସତେ ଯେପରି ପୂର୍ବ କବିତାଗୁଡ଼ିକ ଯେଉଁଠି ସରିଥିଲେ; ସେଇଠୁ ଆରମ୍ଭ ହୋଇଛନ୍ତି ଏସବୁ। ପ୍ରେମର ଅପାସୋରା ବିଭୂତି, ବିରହର କରୁଣ କୁଣ୍ଠା ତଥା ମୃତ୍ୟୁର କୋମଳ ଆଲିଙ୍ଗନ 'ଚଉଦାଳୀ'ର କବିତାଗୁଡ଼ିକୁ କରିଦେଇଛନ୍ତି ଅଧିକ ପ୍ରାଣସ୍ପର୍ଶୀ। ଚିତ୍ରକଳ୍ପମାନ ଏପରି:-

ମୋ' ସ୍ୱପ୍ନ ଆସିଲେ ସରି ବୋକଦିଆ ଗାଲପରି
ଲାଲ ହୁଏ ଆକାଶର ଛାତି। (ପୃ.୫୦)

XXX

ଅଧିର ଗୀତର ଛନ୍ଦେ ପଲକେ ପୁଲକ ଯେତେ
ତୋଳେ ତମ କାରିଗରୀ ଦେହେ। (ପୃ.୫୨)

XXX

ମୁଁ ଚୁମୁଚି ଆଲୋକରେ ତମରି ଝଲସା ମନ
ମହକିତ ଇଚ୍ଛାର ବାସ୍ନାରେ। (ପୃ.୫୬)

XXX

ବରଫର ଟାଣ ଦେହ ଅପଲକେ
ଝୁଣାପରି ଝରିଝରି ଗଲା। (ପୃ.୫୭)

XXX

ଆକାଶ ଦୁଆତଟିଏ କିଏ ଅବା
ଭରି ଦେଇଅଛି କଳା ସ୍ୟାଇ। (ପୃ.୬୦)

XXX

ନିଜେ ଏକ ବ୍ୟକ୍ତି ସତ୍ତା ଭଙ୍ଗା ଭଙ୍ଗା କାଚପରି
ଖଣ୍ଡିତ ଆକାଶ
ନିଜେ ଏକ ଶେଥାହସ, ଝାଞ୍ଜିଖରା ମଳିଚିଆ
ସଂଜର ନିଃଶ୍ୱାସ। (ପୃ.୬୬)

ଗୌତମ ଜେନାଙ୍କ ଶବ୍ଦ ପ୍ରୟୋଗ ଓ ଅର୍ଥବିମ୍ବ ଅତ୍ୟନ୍ତ ଅସାଧାରଣ। ସମକାଳର କାବ୍ୟ ପରଂପରାରେ ତାଙ୍କର ଯୋଗଦାନ ଏକ ବିସ୍ମୟ। ପ୍ରେମର ପରିଭାଷା ଓ ମୃତ୍ୟୁର କରୁଣା ତାଙ୍କ କାବ୍ୟ ବିମର୍ଶର ଐଶ୍ୱର୍ଯ୍ୟ। ଜୀବନ ଓ ମୃତ୍ୟୁର ଲୁଚକାଳି ଖେଳପରି କବିତାରେ ପ୍ରେମ ଓ ବିଷାଦର ପରିଚର୍ଚ୍ଚା ଅତ୍ୟନ୍ତ ସମ୍ବେଦନଶୀଳ। "ଇଚ୍ଛା ଓ ଅନିଚ୍ଛା ସତ୍ତ୍ୱେ ମୃତ୍ୟୁଠାରୁ ଯଦି ମୋତେ ବେଶି ଭଲପାଅ / ମୃତ୍ୟୁ ପରେ ଏମାଟି ମିଶାଇ ଦେବ ଦୁଇଗୋଟି ଦେହ" ପରି କବିତାର ଧାଡ଼ି ପାଖରେ ପୁଣି କେତେବେଳେ ଠିଆ ହୋଇଥାଏ ଆଉ ଗୋଟିଏ ଧାଡ଼ି:-

"ତମେ କେତେ ଭଲପାଅ ପଚାରିଲେ ଲାଜ ପାଅ
ସିନ୍ଦୂରା ଫାଟିଲା ପରି ଲାଲ ଦେଖାଯାଅ
ଜନ୍ମଠାରୁ ମୃତ୍ୟୁ ମଧ୍ୟେ ଜୀବନର ଚାରୁଚିତ୍ର ଏଇ ସିନା
ବଞ୍ଚିବାର ଲୋଭନୀୟ ମୋହ।" (ପୃ.୫୫)

କବିତା ହେଉଛି ରହସ୍ୟର ଗୁପ୍ତ ସିନ୍ଦୁକ। ଅସମାହିତ ପହେଳି ସବୁର ଅସରନ୍ତି ଜିଜ୍ଞାସା। ସମୟ ସରିଆସେ। ପ୍ରେମ କିନ୍ତୁ ସରିଯାଏ ନାହିଁ। କାଳ ସେଠି କାଳାତୀତ ହୋଇଯାଏ। ପ୍ରଲମ୍ବିତ ହୋଇଯାଏ କାଳ। ପ୍ରେମ, ବିଷାଦରେ ରୂପାନ୍ତରିତ ହୋଇଯାଇ ବି ଖୋଜିଚାଲେ ଜନ୍ମ ଜନ୍ମାନ୍ତରର କରୁଣା। ଠିକ୍ ଗୋଟେ ବୈଦିକ ଋଷି ପରି। ଜଣେ ଦାର୍ଶନିକ ପରି। ଆଉ ଯାହାର ଉତ୍ତର ବି ତାକୁ ଜଣାଥାଏ ଓ ତଥାପି ସେ ପଚାରିଚାଲିଥାଏ। ଶ୍ରୀ ଅରବିନ୍ଦଙ୍କ ଭାଷାରେ:- The poet shows us truth in its power of beauty, in its symbol or image........ (The future poetry: 1991:pg.29)

'ସମୟ ବିଷାଦ ନଈ' ଏକ ଦାର୍ଶନିକ କାବ୍ୟକୃତି। ଏହା ଏକାଧିକ ପ୍ରଶ୍ନ ଓ ଉତ୍ତରର ରହସ୍ୟଘନ ପରିଚର୍ଚ୍ଚା। ଜୀବନ ଓ ମୃତ୍ୟୁର, ପ୍ରେମ ଓ ବିଷାଦର କାଳାତୀତ ଏକ ବିମର୍ଶ। ଏହା ଶେଷର ଆରମ୍ଭ ଓ ଆରମ୍ଭର ଶେଷ।

କବି ଗୌତମ ଜେନାଙ୍କ ଚଉଦାଳୀ : ଏକ ଅନ୍ତର୍ଦୃଷ୍ଟି

ପ୍ରାଧ୍ୟାପକ ପ୍ରଶାନ୍ତ କୁମାର ବିଶ୍ୱାଳ

ଗୌତମ ଜେନା, ଆମ ସମୟର ଏକ ସ୍ୱର୍ଦ୍ଧିତ କାବ୍ୟସ୍ୱର। ଦୀର୍ଘ ୪୫ ବର୍ଷର ପ୍ରଲମ୍ବିତ ଓ ଅଭିମନ୍ତ୍ରିତ ତାଙ୍କର କାବ୍ୟିକ ଅଭିଯାତ୍ରା। ବିରହ ଭାବନାଠାରୁ ଆଧିଭୌତିକ ଚେତନା ଯାଏ ପରିବ୍ୟାପ୍ତ ତାଙ୍କର କାବ୍ୟଭୂମି। ସାଂଗୀତିକତାର ସାଂଦ୍ରତା ତାଙ୍କ କବିତାଗୁଡ଼ିକର ସ୍ୱତନ୍ତ୍ର ବିଭାବ। କେତେବେଳେ ସେ ପରିପକ୍ୱ ପ୍ରଣୟର ପୂର୍ଣ୍ଣ ଉଚ୍ଚାରଣ ତ ଆଉ କେତେବେଳେ ବିରହରେ ବିଦଗ୍ଧ ପ୍ରେମିକ। କେତେବେଳେ ମାୟାମନସ୍କ ତ କେତେବେଳେ ମାଟିମଗ୍ନ। କେତେବେଳେ ଅଭାବିତ ଅନୁରାଗ ଓ ଅବାରିତ ଆବେଗରେ ଆଚ୍ଛନ୍ନ ତାଂକର "ଏକା ଏକା ଦିନ" ତ ଆଉ କେତେବେଳେ ବର୍ଣ୍ଣାଳୀ ସମାଜର ବିବିଧତାରେ ରଂଗାୟିତ ତାଙ୍କର କବିତାର "ରଂଗ ଶିଉଳି।" ପୁନଶ୍ଚ କେତେବେଳେ ଶ୍ୟାମ ଓ ଶାଶ୍ୱତ ସଖ୍ୟର "ପଂଚମ ରାଗ"ରେ ନିରବ ନିଘନ ଦୁଃଖରେ ବ୍ୟଥିତ। ବହୁବର୍ଣ୍ଣା ତାଙ୍କର କାବ୍ୟଲୋକ।

'ସମୟ ବିଷାଦ ନଈ' କବିଙ୍କର ପ୍ରଥମ କବିତା ସଂକଳନ। ଯେଉଁଥିରେ ବିରହର କ୍ଲାନ୍ତିହୀନ କୁହୁଟିଏ ଅନବରତ ଗୁଂଜରିତ ହୁଏ, ପ୍ରେମ ହୁଏ ଶେଷତମ ସାନ୍ତ୍ୱନା ଓ ପ୍ରତିଶ୍ରୁତି। ସମୟର ନଈରେ ସ୍ମୃତି, ଇତିହାସ ଓ ଉତ୍ତରଣ କାହାଣୀର ଛିନ୍ନ ପୃଷ୍ଠା ହୋଇ ବହିଯାଏ। ଏ ସଂକଳନ ସଂପର୍କରେ ଓଡ଼ିଶାର ଅନେକ ଲବ୍‌ଧ ପ୍ରତିଷ୍ଠ

ସମାଲୋଚକମାନେ ଆଲୋଚନା କରିଛନ୍ତି। ତେଣୁ 'ସମୟ ବିଷାଦ ନଈ' ସଂପର୍କରେ ଆଲୋକପାତ କରିବା ଏ ନିବନ୍ଧର ଲକ୍ଷ୍ୟ ନୁହେଁ। କବିଙ୍କର ଅନ୍ୟ କବିତା ସଂକଳନଗୁଡ଼ିକ ଉପରେ ମଧ୍ୟ ପର୍ଯ୍ୟାଲୋଚନା କରିବା ଏହାର ଉଦ୍ଦେଶ୍ୟ ନୁହେଁ। 'ସମୟ ବିଷାଦ ନଈ'ରେ ସ୍ଥାନିତ କବି ଗୌତମ ଜେନାଙ୍କ 'ଚଉଦାଳୀ' ସଂପର୍କରେ ସମ୍ୟକ୍ ଧାରଣା ଦେବା ଏ ପ୍ରବନ୍ଧର ଉଦ୍ଦେଶ୍ୟ।

'ଚଉଦାଳୀ' ଶବ୍ଦଟି ଇଂରାଜୀ 'ସନେଟ୍' ଶବ୍ଦର ଅର୍ଥାନ୍ତର ବା ପ୍ରତିଶବ୍ଦ ନୁହେଁ। ଚତୁର୍ଦ୍ଦଶ ଶତାବ୍ଦୀର ଶ୍ରେଷ୍ଠ ଇଟାଲୀୟ କବି ପେଟ୍ରାର୍କଙ୍କ ଗୀତିକବିତାର ଶୈଳୀ କ୍ରମେ ଇଂରାଜୀ ସାହିତ୍ୟର ସେକ୍ସପିୟରଙ୍କ ଦ୍ୱାରା ପରିମାର୍ଜିତ ହୋଇ ଗୀତି କବିତାର ଏକ ପ୍ରମୁଖ ବିଭବ ଭାବେ ଷୋଡ଼ଶ ଶତାବ୍ଦୀରେ ସ୍ୱୀକୃତି ଲାଭ କଲା। ବିଶିଷ୍ଟ ରୋମାଣ୍ଟିକ କବି ୱାର୍ଡ଼ସ୍‌ୱାର୍ଥ, କିଟ୍‌ସଙ୍କଠାରୁ ଆରମ୍ଭ କରି ନୋବେଲ ବିଜେତା ଆଧୁନିକ କବି ଡବ୍ଲୁ.ବି.ଏଟ୍‌ସଙ୍କ ପର୍ଯ୍ୟନ୍ତ ଅନେକ ଇଂରାଜୀ କବି ସନେଟ୍ ରଚନା କରିଛନ୍ତି। ସାଂଗୀତିକତା ସହ ଭାବବସ୍ତୁର ଏକ ସଫଳ ସମନ୍ୱୟ ସନେଟ୍‌ର ପ୍ରମୁଖ ଲକ୍ଷଣ। ପ୍ରେମ, ପ୍ରକୃତି ବର୍ଣ୍ଣନାଠାରୁ ଆରମ୍ଭ କରି ବୌଦ୍ଧିକ ଗାମ୍ଭୀର୍ଯ୍ୟ ପର୍ଯ୍ୟନ୍ତ ସନେଟ୍‌ର ଭାବବସ୍ତୁର ବିନ୍ୟାସ।

ଆମ ଓଡ଼ିଆ ସାହିତ୍ୟ ପାଇଁ 'ଚଉଦାଳୀ' ଏକ ନୂଆ ଶବ୍ଦ। ଇଂରାଜୀରେ ସନେଟ୍ ଶୈଳୀରେ ଭକ୍ତ କବି ମଧୁସୂଦନ ରାଓ ଯେଉଁ କବିତା ରଚନା କଲେ ତାକୁ ସମାଲୋଚକମାନେ ଚତୁର୍ଦ୍ଦଶପଦୀ କବିତା ଭାବରେ ନାମିତ କଲେ। ଓଡ଼ିଆ ସାହିତ୍ୟରେ ଅନ୍ୟ ଯେଉଁମାନେ ସଫଳ ସନେଟ୍ ରଚନା କରିଛନ୍ତି, ସେମାନେ ହେଲେ ମାୟାଧର ମାନସିଂହ, ଗୁରୁପ୍ରସାଦ ମହାନ୍ତି, ବିଭୁଦତ୍ତ ମିଶ୍ର, ବନ ବିହାରୀ ପଣ୍ଡା, ଗିରିଜା କୁମାର ବଳିୟାର ସିଂହ ଓ ଅନ୍ୟମାନେ। ଓଡ଼ିଆ ସାହିତ୍ୟରେ ସନେଟ୍ ରଚନା ଏକ ଶତାବ୍ଦୀରୁ ଊର୍ଦ୍ଧ୍ୱ ସମୟ ପୂର୍ବରୁ ହୋଇଥିଲେ ମଧ୍ୟ ଏହି ଆଂଗିକକୁ ନେଇ ବିଶେଷ ପରୀକ୍ଷା ନିରୀକ୍ଷା ହୋଇ ନାହିଁ। ପରବର୍ତ୍ତୀ ସମୟରେ ଅନେକ ମୁକ୍ତ ଛନ୍ଦର କବି କେତୋଟି ହାତଗଣିତ ସନେଟ୍ ରଚନା କରିଥିଲେ ମଧ୍ୟ କବି ଗୌତମ ଜେନାଙ୍କ ରଚିତ ଚଉଦଟି ସନେଟ୍ ଓଡ଼ିଆ କବିତା କ୍ଷେତ୍ରରେ ଏକ ସ୍ୱତନ୍ତ୍ର ମର୍ଯ୍ୟାଦା ଦାବି କରେ।

'ସମୟ ବିଷାଦ ନଈ' କବିତା ସଂକଳନରେ ସ୍ଥାନିତ ଏଇ ସନେଟ୍‌ଗୁଡ଼ିକୁ କବି ଗୌତମ ଜେନା 'ଚଉଦାଳୀ' ଆଖ୍ୟା ଦେଇଛନ୍ତି। ତାଙ୍କ ପୂର୍ବରୁ ସନେଟ୍‌କୁ 'ଚଉଦାଳୀ' ଭାବେ ନାମିତ କରିବାର ଦୃଷ୍ଟାନ୍ତ ଓଡ଼ିଆ କବିତାରେ ନାହିଁ। ଏହି 'ଚଉଦାଳୀ'ଶବ୍ଦକୁ ଇଂରାଜୀ 'ସନେଟ୍' ବା ଓଡ଼ିଆ 'ଚତୁର୍ଦ୍ଦଶପଦୀ' କବିତାର ବିକଳ୍ପ

ଭାବେ ଗ୍ରହଣ କରିବା ଯୁକ୍ତିଯୁକ୍ତ ମନେହୁଏ । ଶବ୍ଦର ଯାଦୁଗର ସନେଟ୍ ସମ୍ରାଟ ଗିରିଜା କୁମାର ବଳିୟାର ସିଂହ ମଧ୍ୟ ସନେଟ୍‌ର ବିକଳ୍ପ ଭାବେ 'ଚଉଦାଳୀ'କୁ ଗ୍ରହଣ କରି ତାଙ୍କର କବିତାର ନାମାଙ୍କନ କରୁଥିବାର ଦେଖିବାକୁ ମିଳୁଛି । ପାରମ୍ପରିକ ଭାବେ ସନେଟ୍‌ଗୁଡ଼ିକ ବିନା ନାମ କରଣରେ ରଚିତ ହୋଇଥାଏ । ସେକ୍‌ସପିୟର ତାଙ୍କ ଶତାଧିକ ସନେଟ୍‌ଗୁଡ଼ିକ ବିନା ନାମକରଣରେ ରଚନା କରିଥିଲେ । ଓଡ଼ିଆ ସାହିତ୍ୟରେ ସେଇ ଧାରା ଏ ପର୍ଯ୍ୟନ୍ତ ଅବ୍ୟାହତ ରହିଛି । ସମ୍ଭବତଃ, ସନେଟ୍ ତା'ର ନିଜସ୍ୱ ପରିଧିରେ ନିଜକୁ ସଂପୂର୍ଣ୍ଣ ଉପସ୍ଥାପିତ କରୁଥିବାରୁ ନାମକରଣର ଆବଶ୍ୟକତା ନଥାଏ । ଇଂରାଜୀ ସନେଟ୍ (ବିଶେଷ କରି ସେକ୍ସପିୟରଙ୍କ ସନେଟ୍) ଚାରିଟି ପଦକୁ ନେଇ ରଚିତ । ପ୍ରଥମ ତିନି ପଦକୁ କ୍ୱାଟ୍ରେନ୍ (ଚତୁପାଦିକା) ଓ ଶେଷ ପଦକୁ କପ୍‌ଲେଟ (ଦ୍ୱିପାଦିକା) କୁହାଯାଏ । (ଅବଶ୍ୟ ଇଟାଲୀୟ ବା ପେଟ୍ରାର୍କାନ ସନେଟ୍‌ଗୁଡ଼ିକ ମୁଖ୍ୟତଃ ଦୁଇ ଭାଗରେ ଯଥା- ଅକ୍ଟେଭ୍ ଓ ସେଷ୍ଟେଟ୍ ଶୈଳୀରେ ରଚିତ ହୋଇଥାଏ) କବି ଗୌତମ ଜେନାଙ୍କ ଚଉଦାଳୀଗୁଡ଼ିକରେ ଚାରିଟି ପଂକ୍ତି ପରିଲକ୍ଷିତ ହୁଏ । ପ୍ରଥମ ତିନୋଟି ପଂକ୍ତି ଚାରିଧାଡ଼ି ବିଶିଷ୍ଟ ଓ ଶେଷ ପଂକ୍ତିଟି ଦୁଇ ଧାଡ଼ି ବିଶିଷ୍ଟ ମିତ୍ରାକ୍ଷର । ତାଙ୍କ ଚଉଦାଳୀର ଶୈଳୀ ବା ଛନ୍ଦ ସଂପର୍କରେ ଆଲୋଚନା ଏ ଲେଖକର ଉଦ୍ଦେଶ୍ୟ ନୁହେଁ, ବରଂ ସେଗୁଡ଼ିକର ବିସ୍ତୃତ ଭାବଭୂମି ସମ୍ବନ୍ଧରେ ପାଠକମାନଙ୍କୁ ଅବଗତ କରାଇବା ଏ ଆଲୋଚନାର ଉଦ୍ଦେଶ୍ୟ ।

ଗତ ଶତାବ୍ଦୀର ଅଷ୍ଟମ ଦଶକଯାଏ ମୁକ୍ତ ଛନ୍ଦ କବିତା ଧାରାରେ ଯେଉଁ ପରୀକ୍ଷା ନିରୀକ୍ଷା ଚାଲିଥିଲା ଏବଂ ପାଠକ / ସମାଲୋଚକମାନେ ଦୁର୍ବୋଧ୍ୟତାର ଦ୍ୱାହି ଦେଇ ଆଧୁନିକ କବିତା ପ୍ରତି ବିମୁଖ ଭାବ ପୋଷଣ କରୁଥିଲେ, ତାହା ସମୟ କ୍ରମେ ଦୂରୀଭୂତ ହୋଇଛି ଏବଂ ମୁକ୍ତ ଛନ୍ଦର ଧାରା ଏକ ସ୍ୱତନ୍ତ୍ର ପରିଚୟ ସୃଷ୍ଟି କରିବାକୁ ସକ୍ଷମ ହୋଇଛି । ରମାକାନ୍ତ ରଥ, ସୀତାକାନ୍ତ ମହାପାତ୍ର, ରାଜେନ୍ଦ୍ର ପଣ୍ଡା, ଦୀପକ ମିଶ୍ର, ପ୍ରସନ୍ନ ମିଶ୍ରଙ୍କ କାବ୍ୟସ୍ୱରର ଏକ ସ୍ପଷ୍ଟ ରୂପ ପରବର୍ତ୍ତୀ ସମୟର କବିତାରେ ଦେଖିବାକୁ ମିଳିଛି । ଏପରିକି ଅଶୀ ଦଶକ ପୂର୍ବର କବିତାରେ ଦେଖିବାକୁ ମିଳିଛି । ପୁନଶ୍ଚ ଅଶୀ ଦଶକ ପୂର୍ବର କବିତାରେ ଯେଉଁ ଚିତ୍ରକଳ୍ପବାଦ ବା ପ୍ରତୀକବାଦର ନିରଙ୍କୁଶ ଆସନ ରହିଥିଲା ଓ ନବ୍ୟ ଉପନିବେଶବାଦର ଯେଉଁ ସ୍ୱର ଶୁଣିବାକୁ ମିଳୁଥିଲା, ତାହା କ୍ରମଶଃ କ୍ଷୀଣ ହୋଇ ଆମ ପରିବେଶ, ଜୀବନଧାରା, ଅନୁଭବ ଓ ଅନୁଭୂତିକୁ, ଆମ ଦୃଶ୍ୟମୟ ଜଗତର ଚିତ୍ରମାନଙ୍କୁ ନେଇ ଆତ୍ମପ୍ରକାଶ କଲା ଏବଂ ଏହା ଯଥେଷ୍ଟ ପାଠକୀୟ ସ୍ୱୀକୃତି ଲାଭ କଲା । ଆତ୍ମିକ ବୈଭବର ପରିବର୍ତ୍ତନ ନଘଟି ଶବ୍ଦ ସଂଯୋଜନା ଓ ଶବ୍ଦ ଚୟନ ପ୍ରମୁଖତା ଲାଭ କଲା । କବିତାରେ ମନସ୍ତାତ୍ତ୍ୱିକ ପ୍ରତିଫଳନ ଘଟିଲା

ଏବଂ ବ୍ୟକ୍ତି ଅନୁଭବ ବିଶ୍ୱକେନ୍ଦ୍ରିକ ହେବାର ଗୌରବ ଲାଭ କଲା। ଏ ପର୍ଯ୍ୟାୟକୁ ଅନୁଶୀଳନ ନକରି କବି ଗୌତମ ଜେନାଙ୍କର ଚଉଦାଳୀର ବିଚାର କରିବା ସମୀଚୀନ ମନେହୁଏ ନାହିଁ।

ଗୌତମ ଜେନାଙ୍କ ପ୍ରତ୍ୟେକ ଚଉଦାଳୀ ଗୋଟିଏ ଗୋଟିଏ ବିଶ୍ୱରୂପ ପରି। ପ୍ରତ୍ୟେକ ଗୋଟିଏ ଗୋଟିଏ ନିଆରା ଦୃଶ୍ୟ। ଯଦିଓ ଚଉଦାଳୀଗୁଡ଼ିକ କବିଙ୍କ ଯୌବନାବସ୍ଥାରେ ରଚିତ, ଯୁବ ସୁଲଭ ଚାପଲ୍ୟ ଏଗୁଡ଼ିକୁ କବଳିତ କରିନି। ବରଂ ଏକ ଗଭୀର ଦାର୍ଶନିକ ଦୃଷ୍ଟିଭଂଗୀ ଓ ଅନନ୍ୟ ଜୀବନାନୁଭୂତି ଏଗୁଡ଼ିକୁ ଶାଣିତ କରିଛି। କାବ୍ୟିକ ଅନ୍ତର୍ଦୃଷ୍ଟି ଓ ଜୀବନ ଅନ୍ୱେଷା ତୀକ୍ଷ୍ଣ ହୋଇଛି। ଅନୁଭୂତି ରୂପାୟିତ ହୋଇଛି ସୂକ୍ଷ୍ମ ଅନୁଭବରେ। ପ୍ରେମ, ଦେହ, ଦେହାତୀତ, ଅନ୍ତରଂଗତା, ଜୀବନବୋଧ, ବ୍ୟକ୍ତିତ୍ୱ, ଉତ୍ତରଣ ଓ ସର୍ବୋପରି ଇନ୍ଦ୍ରିୟରୁ ଅତିନ୍ଦ୍ରିୟ ଭାବ ଜଗତକୁ ସ୍ପର୍ଶ କରିପାରିଛନ୍ତି ଏହି ଚଉଦାଳୀଗୁଡ଼ିକ। କବିତାଗୁଡ଼ିକ ସମନ୍ୱିତ ଅନୁଭବ (Integral experience)ର ଫଳଶ୍ରୁତି। ପ୍ରତ୍ୟେକ କବିତା ଏକଏକ ଉର୍ଣ୍ଣନାଭ। ଭାବନାର ଅନ୍ତଃଜଗତର ନିଃସରଣ। ଅନ୍ତର୍ଜ୍ଞାନଲବ୍ଧ ଅନୁଭବକୁ ସୁସଂହତ ଭାବେ ପ୍ରତିଫଳିତ କରିବାର ସଫଳ ପ୍ରୟାସ। ବୌଦ୍ଧିକ ମନ୍ଥନର ଏକ ଏକ ଉପବୃତ୍ତ (epi-centre), ଯେଉଁଠାରୁ ଭାବ ଜଗତର ସିନ୍ଧୁ ମନ୍ଥନ ସମ୍ଭବ ମନେହୁଏ। ମାନସ ସତ୍ତାର ବିଯୋଜନର ଗୋଟିଏ ଗୋଟିଏ ଉତ୍ସ। ଚିନ୍ତା, ଚେତନା, ଦ୍ୟୋତନା ଆଉ ଅବବୋଧର ଯୌଗିକ ପୃଷ୍ଠଭୂମି। ପ୍ରତ୍ୟେକ ସୂଚେଇ ଦିଅନ୍ତି ଜୀବନ ଯେମିତି ଏକ ଅନ୍ତଃହୀନ ପ୍ରସ୍ତୁତି, ଆଦିମ ଅଭିଷ୍ଟକୁ ଲାଭ କରିବାର ପ୍ରତିନିୟତ ପରିକଳ୍ପନାଟିଏ। ଶବ୍ଦ ଓ ନିରବରତା ଅଦ୍ଭୁତ ସଂଗମ। ଏକ ଶେଷହୀନ, ଶ୍ୟାମଳ ସୋହାଗ। ପ୍ରତ୍ୟେକ ଚଉଦାଳୀ ଧାରଣାଧର୍ମୀ (Cognitive) ଓ ପ୍ରତ୍ୟେକ ସଂବେଗ ଗର୍ଭିତ (Affective)। ପ୍ରତ୍ୟେକ ଜୀବନର ଗତିଶୀଳ ବିଷମତାର (Transitive Assymentry) ଅପରିକଳ୍ପନୀୟ ଆଲେଖ୍ୟ।

ଚଉଦାଳୀ (ଏକ)ର ପ୍ରାରମ୍ଭ ପର୍ଯ୍ୟାୟରେ କାବ୍ୟନାୟକ କାବ୍ୟନାୟିକାର ସତ୍ତାକୁ ମାଟିରୁ ଅନ୍ତରୀକ୍ଷ ଯାଏ ଅନୁଭବ କରନ୍ତି। କାବ୍ୟନାୟିକା ଏଠାରେ ଆଉ ରକ୍ତମାଂସର ନାରୀଟିଏ ନୁହେଁ, ବରଂ ସେ ଏକ ମୁଗ୍ଧ ଅନୁଭବ। ଏଇ ଅନୁଭବ ଭିତରେ କାବ୍ୟପୁରୁଷ ମିଳନ ବା ବିରହଠାରୁ ବହୁତ ଦୂରରେ- ଏ ଊର୍ଦ୍ଧ୍ୱ ଚେତନାରୁ ଆରମ୍ଭ କବିତା। ଏହି ଊର୍ଦ୍ଧ୍ୱଚେତନାର ବଳୟ ଭିତରେ ପ୍ରେମ, ମିଳନ, ବିରହ, ବ୍ୟର୍ଥତା, ଦୁଃଖ, ଆନନ୍ଦ- ସବୁ ଅବୋଧ, ସବୁ ପ୍ରହେଳିକା। ଏକମାତ୍ର ସତ୍ୟ 'ତମେ'ର ଅସ୍ତିତ୍ୱ। ଏହି ଅସ୍ତିତ୍ୱ ଦେହରେ ନାହିଁ, ମନରେ ନାହିଁ, ଅଛି ଆତ୍ମାରେ। ପ୍ରେମିକ

କାବ୍ୟନାୟିକା ଏକ ଦେହାତୀତ ସତ୍ତା, ଅଜ୍ଞାତ ମାଟିର ମୋହଠାରୁ ନିର୍ବାସିତ ଏକ ଅଶରୀରୀ ସତ୍ତା, ଆଲୋକ ଓ ଅନ୍ଧାରର ସରୀସୃପ ମୋହଠାରୁ ମୁକ୍ତ ଏକ ବିଦେହୀ, ଯିଏ ଦେହାକାଂକ୍ଷାର ମାୟାଜାଲରୁ ବିମୁକ୍ତ, ଆତ୍ମାର ଆଲୋକିତ ଉପବନରେ ପରିତୃପ୍ତ। ଦେହାତୀତ ସତ୍ତା ନିକଟରେ କେବଳ ଆତ୍ମସମର୍ପଣ କରାଯାଏ। ହୋଇପାରେ ମାୟାଛନ୍ନ ମଣିଷମାନଙ୍କ ପାଇଁ ଅବୋଧ, ଅନାଘ୍ରାତ। ସେମାନଙ୍କ ପାଇଁ ପରିଚିତ ପରିଧି ହିଁ ବାସ୍ତବତା। କିନ୍ତୁ ଅନ୍ତର୍ଦୃଷ୍ଟିସଂପନ୍ନ କବି ପାଇଁ ଏ ନିଟୋଳ ସମୟ ପୃଷ୍ଠରେ ଦେଖାଯାଉଥିବା ବାସ୍ତବତା କେବଳ ମରୀଚିକା। ଏ ମରୀଚିକାର ପରିସୀମାକୁ ଲଂଘନ କରି ଯିଏ ଆଗକୁ ଯାଇପାରିବ, ସେ ହିଁ ଉପଲବ୍ଧ କରିପାରିବ ପ୍ରେମର ସ୍ୱରୂପ। ଯାହା ଆତ୍ମାର ନିର୍ଜନତାର ଶେଷତମ ଉଚ୍ଚାରଣ। ଏ ପ୍ରେମ ମୃତ୍ୟୁଠାରୁ ଆହୁରି ସତ୍ୟ ଓ ଶାଶ୍ୱତ। ତେଣୁ ମୃତ୍ୟୁ ପରେ ଦୁଇ ଆତ୍ମାର ମିଳନ ସ୍ୱପ୍ନ ଦେଖିଛି କାବ୍ୟ ନାୟକ। (ଏକ) ଏଠି ମୃତ୍ୟୁବୋଧ ଜୀବନବୋଧର ବିକଳ୍ପ ବା ବିପରୀତ ନୁହେଁ, ଏଇଟି ଜୀବନବୋଧର ନିବିଡ଼ତମ ଦୃଶ୍ୟ। ମୃତ୍ୟୁ ସହ ଜୀବନ ଓ ପ୍ରେମର ସମ୍ମିଶ୍ରଣ ହିଁ ଏକ ଶ୍ୟାମ ଲୋହିତ ଚିତ୍ରପଟ। ଏହା ବୋଧହୁଏ ଚଉଦାଳୀ (ଦୁଇ) ଭାବଭୂମି। ଚଉଦାଳୀ (ତିନି)ର ଦୃଶ୍ୟ ରୂପକଳ୍ପ ଚମତ୍କାର ଭାବରେ ଗତିଶୀଳ। ଏଠି ଅସହାୟତାର ଐଶ୍ୱର୍ଯ୍ୟ ଯେତେ ପରିସ୍ଫୁଟ ନୁହେଁ, ତା'ଠାରୁ ଅଧିକ ପରିସ୍ଫୁଟ ଏକ ଦୁର୍ବୋଧ ଜୀବନର ପ୍ରତିଛବି। ଜୀବନ ଏଇମିତି ଅବ୍ୟକ୍ତ ଅଭିମାନଟିଏ। ସମୟକୁ ବାରମ୍ବାର ପରାହତ କରିବାର ପ୍ରଚେଷ୍ଟାରେ ଅସଫଳ ଜୀବନ ଯେମିତି ପରିଚିତ ଦୁଃଖର ପରିଧି ଭିତରେ ସୀମାବଦ୍ଧ। ବିଡ଼ମ୍ବିତ ସ୍ୱପ୍ନର ସୋହାଗ। ସ୍ୱପ୍ନ ପିଇ ଉତ୍ତରଳ ହେଲେ ଜୀବନର ଅବସୋସର ଅନ୍ତ ହୁଏନି। ଏ ଅସହାୟତାର ଗ୍ଲାନିବୋଧରେ ସନ୍ତୁଳିତ କାବ୍ୟନାୟକ। ଜୀବନ ଯନ୍ତ୍ରଣା ଚିର ଧାବମାନ ଓ ବିସ୍ତାରିତ। ସ୍ୱପ୍ନଭୁକ୍ କେବେ ବି ଏହାକୁ ଅତିକ୍ରମ କରିପାରିବ ନାହିଁ। ତେଣୁ ଚଉଦାଳୀ (ଚାରି)ରେ କାବ୍ୟ ନାୟକଙ୍କୁ ଲାଗେ ସତେ ଯେମିତି ପୃଥିବୀର ସବୁ କିଛି 'ମିଛ'ର ରୂପାନ୍ତର, ଜୀଇଁବାର ମାନେ ଯନ୍ତ୍ରଣାରେ ଜାନ୍ତବତାର ଅନ୍ୱେଷଣ। କାବ୍ୟ ନାୟିକାର ଅବର୍ତ୍ତମାନରେ ସେ ଗାଉଛି ବିଷାଦର ଗୀତିକା। ଲାଞ୍ଛନାର ଗରଳରେ ଦେହ ତା'ର ନୀଳାଭ, ତଥାପି ବର୍ଷାସମ ତାକୁ କୋଳକରେ କାବ୍ୟ ନାୟିକାର ସ୍ମୃତିଧାରା। କାବ୍ୟ ନାୟିକାର ଅବର୍ତ୍ତମାନ ସ୍ମୃତିର ନିର୍ଯାତନାରେ ସେ ସମୟର ପାହାଚ ଚଢୁଥାଏ ଓ ଖସୁଥାଏ। ଚଉଦାଳୀ (ପାଂଚ)ରେ ପ୍ରେମର ମହନୀୟତାର ପ୍ରତିପାଦନ କରିବାକୁ ଯାଇ ଏହାକୁ ଜନ୍ମଠାରୁ ମୃତ୍ୟୁ ମଧ୍ୟରେ ଏକ ଲୋଭନୀୟ ମୋହ, ଏକ ଚିନ୍ମୟ ଚାରୁଚିତ୍ର ଭାବେ ଆଖ୍ୟାୟିତ କରିଛନ୍ତି କବି। ତେଣୁ କାବ୍ୟନାୟିକାର ଅନୁପସ୍ଥିତିରେ ଏ ଲୋଭନୀୟ ଚାରୁଚିତ୍ରର ଅବଲୁପ୍ତି କାବ୍ୟ ନାୟକଙ୍କୁ କେବଳ ସ୍ମୃତିର

ନିର୍ଯ୍ୟାତନାର ଆଦିମ ଅନୁତାପ ଆଣିଦେବ। ଏଇ ଅନୁତାପ ହିଁ କାବ୍ୟ ନାୟକ ପାଇଁ ଚଉଦାଳୀ (ଛଅ)ରେ ସୃଷ୍ଟି କରେ ଅନଭ୍ୟସ୍ତ ନିକାଞ୍ଚନତା। କାବ୍ୟନାୟିକାର ବିଦାୟ ପର୍ବରେ ତା' ଆଖିରୁ ଝରୁଥିବା ଟୋପାଏ ଲୁହ କାବ୍ୟ ନାୟକର ସମଗ୍ର ଶରୀର ନୁହେଁ ସତ୍ତାକୁ ଲୁହମୟ କରିଦିଏ। ତଥାପି ଆନନ୍ଦର ସୁବର୍ଣ୍ଣ ସ୍ୱସ୍ତିକ ଟିକେ ଝଲସୁ ଥାଏ ତା' ମନରେ। ବରଂ ତା'ର ବେଦନା ଜର୍ଜରିତ ଅୟୁତ ଇଚ୍ଛାକୁ ବିସ୍ମରି ଯାଉ କାବ୍ୟ ନାୟିକା। ସେ ହଳଦିଆ ପତ୍ରଟିଏ ହୋଇ ଝୁଲୁଥିବ। ସ୍ମୃତିପରି ଦୀର୍ଘ ରାସ୍ତାରେ କାବ୍ୟ ନାୟିକା ହିଁ ଥିବ ଏକାକୀ ବାଟୋଇ। ଯେଉଁଠି ପହଞ୍ଚିଲେ ବି ସେଠି କାବ୍ୟ ନାୟକ ଅନୁଭବ କରୁଥିବ କାବ୍ୟ ନାୟିକାର ଉପସ୍ଥିତି। ତେଣୁ କାବ୍ୟ ନାୟିକା ମେଲାଣି ମାଗିବା ବେଳେ କାବ୍ୟ ନାୟକ ନିଜ ଭିତରେ ଅନୁଭବ କରୁଛି ନିରବିତ ମୁହୂର୍ତ୍ତର ସ୍ପନ୍ଦନ। ତା'ପାଇଁ ଅନ୍ୱେଷାର ଅନ୍ତ ନାହିଁ। ତେଣୁ ସେ ମୁହୂର୍ତ୍ତ ମୁହୂର୍ତ୍ତ ଖୋଜି ଚାଲିଛି। ଚଉଦାଳୀ (ସାତ) ଏ ଅନ୍ୱେଷଣର ଏକ ଅପରୂପ ଚିତ୍ର। ଆତ୍ମଲୀନ କାବ୍ୟପୁରୁଷ କାହାକୁ ଖୋଜୁଛି ? ସେ କ'ଣ ଏକ ସଶରୀରୀ ସତ୍ତା ? ପ୍ରେମିକା ? ନା ଆଉ କିଏ ? ବୋଧହୁଏ ସେ ଖୋଜୁଛି ସେଇ ହ୍ଲାଦିନୀ ଚେତନାକୁ ନିଜ ଭିତରେ। ଏଠି କାବ୍ୟ ନାୟିକା ରକ୍ତ ମାଂସର ନାରୀ ନହୋଇ ହୋଇଛି ହ୍ଲାଦିନୀ ଶକ୍ତି। ସୃଷ୍ଟିର ସମସ୍ତ ପଦାର୍ଥ ଭିତରେ ତାକୁ ହିଁ ଖୋଜି ଚାଲିଛି କାବ୍ୟପୁରୁଷ। ଖୋଜୁଛି ଭୂମିରୁ ଭୂମାକୁ, ଯାହା ପରିବ୍ୟାପ୍ତ ସେଇଆଡ଼କୁ। ଯାହା ନିମିଷକେ ସଂଚରି ଯାଏ ଆତ୍ମାରୁ ଆତ୍ମାକୁ, ଉପଲବ୍ଧ ଅଦୃଶ୍ୟ ସ୍ଥିତିକୁ। ଏ ଏକ ଉପଲବ୍ଧି, ଆତ୍ମଚେତନା, ଯେଉଁଠି ବ୍ୟକ୍ତି ଭିତରେ ଉନ୍ମେଷ ହୁଏ ଉଦାରପଣିଆ। ଶ୍ରଦ୍ଧା ଓ ପ୍ରେମରେ ଯେଉଁଠି ଏକାକାର ହୋଇଯାଏ ପୁରୁଷ ଓ ପ୍ରକୃତିର ପ୍ରତିଟି ଉଦ୍ଭାସିତ ରୂପ। ସେତେବେଳେ ଦୈହିକ ସତ୍ତା ବିଲୀନ ହୋଇଯାଇଥାଏ। ଏହି ଦୈହିକ ରୂପର ବିଲୁପ୍ତି ଓ ବିସ୍ଥାପନ ମାର୍ମିକଭାବେ ପ୍ରତିଭାତ ହୁଏ ଚଉଦାଳୀ (ଆଠ)ରେ। ଦେହ ହୋଇଯାଏ ପୋଷା ସାପ, ବିକାରଗ୍ରସ୍ତ। ଚୁପ୍‌ଚାପ୍ ଶୋଇ ରହେ। ଏ ଦେହ ମୃତ୍ୟୁ ଲଭେ ଯେତେବେଳେ କେହି ଜଣେ ରଚୁଥାଏ ସାତ୍ତ୍ୱିକ ରମଣ। ଆଧିଭୌତିକ ଚେତନାରେ ଉର୍ଜସ୍ୱଳ ଏ ଚଉଦାଳୀ। ଶରୀର ତତ୍ତ୍ୱର ଊର୍ଦ୍ଧ୍ୱଗ ଭାବନାରେ ମନ୍ତ୍ରିତ। ଆତ୍ମା ଓ ପରମାତ୍ମାର ଶାଶ୍ୱତ ମିଳନରେ ନଥାଏ ଭ୍ରାନ୍ତି, ଅବଶେଷ। ଜଣେ ପ୍ରେମିକ ଦେହଜ ସମସ୍ତ ଆକାଶୀ ବ୍ୟାକୁଳତାକୁ ଅତିକ୍ରମି ଜନ୍ମାନ୍ତରରେ ପ୍ରେମର ସାର୍ଥକତା କାମନା କରୁଥାଏ। ସାରା ଜୀବନର ଏ ପ୍ରବହମାନତା। ଚଉଦାଳୀ (ନଅ)ରେ ମଣିଷ ଜନ୍ମର ସର୍ବଶ୍ରେଷ୍ଠ ସାର୍ଥକତା ସେଇ ପ୍ରେମ ମଧ୍ୟରେ ରହିଥିବାର ଉପଲବ୍ଧି କରୁଛି କାବ୍ୟ ପୁରୁଷ। ପ୍ରତିଟି ମୁହୂର୍ତ୍ତରେ ଅପୂର୍ଣ୍ଣ ମନଟି ଖୋଜିଛି ପ୍ରେମର ପୂର୍ଣ୍ଣତମ ରୂପ। ଚମତ୍କାର ଚିତ୍ରକଳ୍ପରେ ଆରମ୍ଭ ହୋଇଛି ଚଉଦଳୀଟି।

"ଆକାଶେ ଆକାଶେ ମେଘ ତୋ ଆଖିର କଜ୍ଜଳରେ ଲୁହକୁ ମିଶେଇ
ଆକାଶ ଦୁଆତିଟିଏ କିଏ ଅବା ଭରିଦେଇ ଅଛି କଳା ସ୍ୟାଇ
ବରଷା ଝରିଲେ ଲାଗେ
ତୋ' କଲମୁ ବର୍ଣ୍ଣମାଳା ଝରିପଡ଼େ ଲେଖିବାକୁ ପ୍ରେମର ଚିଟାଉ
ପୃଥିବୀ ପରି ମୁଁ ଅବା ଛୋଟିଆ କାଗଜ ଫର୍ଦ୍ଦେ
ଚିଠି ଲେଖା ନସରଇ ଆଉ।"

ଭାବନାର ବର୍ଷାରେ ଇଚ୍ଛାକୁ ଫଳବତୀ କଲେ ମଧ୍ୟ, ଶବ୍ଦ ପରେ ଶବ୍ଦ ନିଃଶେଷ କରିସାରିଲେ ମଧ୍ୟ ପ୍ରେମ ହୁଏ ଅବୋଧ। ଶବ୍ଦ ପ୍ରେମର ଏକ ଚିତ୍ର ବା ପ୍ରତିରୂପ ଅଂକନ କରିପାରେ, କିନ୍ତୁ ପ୍ରେମର ସ୍ୱରୂପକୁ ଆକଳନ କରିବାକୁ ଯେ ଅସମର୍ଥ ଏହା ହିଁ ଚଉଦାଳୀଟି ସୂଚୀତ କରେ। ପ୍ରେମର ହ୍ଲାଦିନୀ ଶକ୍ତି ନିକଟରେ ଭାଷା ଯେମିତି ପରାଜିତ, ପରାଭୂତ। ଚଉଦାଳୀ (ଦଶ)ରେ ଏହି ସଂଭ୍ରମ ସଂଦେହଟିଏ ଉକୁଟି ଆସେ। ସାରା ଜୀବନ ଚିଠି ଲେଖାରେ ବି ପ୍ରେମକୁ ବୁଝେଇ ହୁଏନା। ପ୍ରେମ ହୋଇଯାଏ ଗୋପନତମ ଅନ୍ଧାରର ପ୍ରାଚୀନ ପାଦଟୀକା। ସବୁ ଅନ୍ତରାଳରେ ଅନୁଭବ କରି ହୁଏ, ଭାଷାରେ ପ୍ରକାଶ କରି ହୁଏନି। ପୃଥିବୀଯାକର କୋଳାହଳମୟତାରେ ବି ଏକ ଘନକୃଷ୍ଣ ନିରବତା। ଯାହା ଏକାନ୍ତରେ ଅନୁଭବି ହୁଏ। ଚଉଦାଳୀ (ଏଗାର) କବିଙ୍କର ଘନୀଭୂତ ଭାବନାର ଏକ ବ୍ୟତିକ୍ରମ ମନେ ହେଲେ ହେଁ କବିତାଟିର ଛନ୍ଦମୟତା ଓ ସାଂଗୀତିକତା କବିତାକୁ ସୁଖପାଠ୍ୟ କରିଛି। ଗାମ୍ଭୀର୍ଯ୍ୟ ଓ ବୌଦ୍ଧିକତାରେ ଏହା ହୋଇଛି ସାଂଧ୍ର ଓ ରହସ୍ୟମୟ। ହେଲେ, ପ୍ରେମର ଯେଉଁ ପ୍ରବହମାନତା ଅନ୍ୟ ଚଉଦାଳୀମାନଙ୍କରେ ପରିଲକ୍ଷିତ, ଏ ଚଉଦାଳୀଟି ସେଥିରେ ବ୍ୟତିକ୍ରମ ନୁହେଁ। ଚଉଦାଳୀ (ବାର) କିନ୍ତୁ ଏକ ବୃହତ୍ତର ଚେତନାର ଦ୍ୟୋତକ। ଏହାର ପୃଷ୍ଠଭୂମି ଗମ୍ଭୀର ଓ ସ୍ୱତନ୍ତ୍ର। ବିଦାୟ ମୁହୂର୍ତ୍ତର ଏହା କରୁଣ ଆବେଦନ ନୁହଁ ବରଂ ପ୍ରତିଷ୍ଠିତ ସତ୍ୟର ସ୍ୱରୂପକୁ ପ୍ରତିବିମ୍ବିତ କରିବାର ପ୍ରୟାସ। ସାତ୍ତ୍ୱିକ ଚେତନାକୁ ଅନୁଭବ କରିବାର ପ୍ରୟାସ। ଏ ଅନୁଭବ ଦେହରେ ନୁହେଁ, ବିଦେହରେ ସଂଭବ। ତେଣୁ,

"ଏ କେଉଁ ଅଦୃଶ୍ୟାଲୋକେ ଆଲୋକିତ ମୋ ଦେହର ପ୍ରତି ଗଳିକନ୍ଦି
ମାଟିର ମୋହରୁ ଥରେ ଖସିଗଲେ ଭୁଲିହୁଏ ମୂର୍ତ୍ତ ଚେତନାକୁ
ଭୁଲିହୁଏ ପୃଥିବୀର ପାପବୋଧ, ବସ୍ତୁବାଦୀ ମୁମୂର୍ଷୁ ଆତ୍ମାକୁ
ସମ୍ମୋହିତ ଏକାଗ୍ରତା ନିଜକୁ ଅତିଷ୍ଠ କରେ ସାତ୍ତ୍ୱିକତା ରୁନ୍ଧି ॥

ତମେ ଯେତେ ଟିକିନିଖି ବ୍ୟାଖା କଲେ ତା'ଠାରୁ ମୁଁ ଅଧିକ ଯେମିତି

ଅନାୟସେ ବିସ୍ତାରିତ କରିପାରେ ସ୍ୱରୂପ ମୋ ସାରା ଆକାଶରେ
ଇଚ୍ଛାମତେ ସବୁ ଘଟେ, ନିର୍ଦ୍ୱନ୍ଦ୍ୱରେ ବିଚାରକ ନିଜେ ସବୁକାଳେ
କୋଟି କୋଟି ମାୟାଛନ୍ନ ପୃଥିବୀକୁ ନିମିଷକେ ଯାଏ ଅତିକ୍ରାନ୍ତି।"

ଏଭଳି ଉର୍ଦ୍ଧ୍ୱଗ ଚେତନା ଯୁବାବସ୍ଥାରେ କମ୍ କବିଙ୍କଠାରେ ପରିଲକ୍ଷିତ ହୁଏ। ତେଣୁ ପ୍ରେମ ନୁହେଁ, ବରଂ ପ୍ରେମର ପୂର୍ଣ୍ଣାନୁଭବରେ ଯେଉଁ ଦାର୍ଶନିକତାର ଉନ୍ମେଷ ହୁଏ, ଚଉଦାଳୀଟି ତା'ର ନିଷ୍କଷ ଦୃଷ୍ଟାନ୍ତ। ଏହି ଉର୍ଦ୍ଧ୍ୱରେ ଚେତନା ପ୍ରବାହର ଅଂଶ ବିଶେଷ ଚଉଦାଳୀ (ତେର)। ନିର୍ଜନତାର ନିଳ ଜ୍ୟୋତିରେ ନିଜକୁ ନିର୍ବାପିତ କରିବାର ବୁଦ୍ଧିଦୀପ୍ତତା। କାବ୍ୟ ନାୟକର ଯନ୍ତ୍ରଣା ଜର୍ଜର ଜୀବନର ଅଭିବ୍ୟକ୍ତି। ଏଠି କାବ୍ୟନାୟକ ପାଲଟି ଯାଇଛି ଏକ ସିଗାରେଟ୍, କାବ୍ୟନାୟିକା ଧୂଆଁ। ପରସ୍ପର ଅବିଚ୍ଛେଦ୍ୟ ହେଲେ ଜ୍ୱଳନ ହିଁ ଗତ୍ୟନ୍ତର। ସେ ଜ୍ୱଳନରେ ପୁଷ୍ପିତ ସମୟର ନୂତନ ସ୍ମାରକୀ ଉଦ୍‌ଭାସିତ। ଏ ଜ୍ୱଳନ ହିଁ ଆଦିମ, ଅନ୍ତର୍ହୀନ। ଏ ଜ୍ୱଳନ ହିଁ ରକ୍ତଜ। ଅନ୍ତିମ ଭରସା। ଏହି ଜ୍ୱଳନରେ ହିଁ ମହିମାନ୍ୱିତ ଜୀବନର ଆରତି। ତେଣୁ କାବ୍ୟ ନାୟିକା କହେ-

"ନିଆଁ ମତେ ଯାଏ ଚରି ଥିରିଥିରି
ନିଃଶେଷ ହେଉଛି ମୁଁ ଯେ ପ୍ରତି ମୁହୂର୍ତ୍ତରେ
ବର୍ତ୍ତମାନ ପରେ ଯାହା ପଡ଼ିଥିବ ଇତଃସ୍ତତଃ
ପାଉଁଶର ଖଣ୍ଡ ସବୁ ଖୁବ୍ ନୀରବରେ
ହଠାତ୍ ଏମିତି ଏକ ବ୍ୟକ୍ତିଗତ ସମୟରେ
ମୋ' ନିଜକୁ ମୁଁ ଖୋଜି ପାଇଲେ
ଦେଖୁଥିବି ସିଗାରେଟ୍ ଧୂଆଁ ହୋଇ ଘରସାରା
ତମେ ଖୁବ୍ ବୁଲ ଏଣେ ତେଣେ
ସେ ବାସ୍ନାରେ ବିଭୋର ମୁଁ ହେଉଥିବି
ପରକ୍ଷଣେ ହତବାକ୍ ହେବି ତୁମ ଅଦୃଶ୍ୟ ସ୍ଥିତିରେ।"

ତଥାପି କାବ୍ୟପୁରୁଷର ପଶ୍ଚାତଗମନ ନାହିଁ। ସେ ପଳାୟନପନ୍ଥୀ ନୁହେଁ। ସେ ଜାଣେ ଏ ଜୀବନ ପ୍ରିୟତମ ଦୁଃଖର ଏକାନ୍ତ ଅବକାଶ। ତଥାପି ଚଳମାନ ଏ ଜୀବନ। ସେଇଥିରେ ହିଁ ଜୀବନର ସାର୍ଥକତା। ଜୀବନର ଏଇ ସାର୍ଥକତାର ବଂଦନା କରେ ଚଉଦାଳୀ (ଚଉଦ)। କାବ୍ୟପୁରୁଷ ଏଠି କହେ "ମୃତ୍ୟୁର ଐତିହ୍ୟ ଅଛି ଯାହା ପୁଣି ପରିପୂର୍ଣ୍ଣ ଜୀବନର ଜୟ। ହାରିଯିବା ବଂଚିବାର ଅନୁରୂପ ପାହାନ୍ତିଆ ତାରାର ଉତ୍ସାହ। ଜୀବନର ସାର୍ଥକତା ଡଂଗାପରି ମନ ଇଚ୍ଛା ଭାସିଯିବା / ନିଜକୁ ଜଳେଇ

ଦେବା, ନିଜେ ପୁଣି ଅଂଗାରରେ ଫୁଲ ଫୁଟେଇବା / ଏ ଦୁଃଖର ସାମ୍ରାଜ୍ୟରେ ହେଇ ହୁଏ ନିଜେ ପୁଣି ଦୁଃଖର ସମ୍ରାଟ / ଅନାୟାସେ ନିଜର ବି କରିହୁଏ ଯେତେ ଯେତେ ଦୁଃଖର ପର୍ବତ।" ଏ ଆଧୁନିକ ମଣିଷର ଆତ୍ମସଚେତନତା, ସ୍ଥିତିବାଦୀ ଦର୍ଶନର ଏକ ବିଶେଷ ରୂପ ହୋଇପାରେ ମଣିଷ।

"ନିଜେ ଏକ ବ୍ୟକ୍ତି ସତ୍ତା, ଭଂଗା ଭଂଗା କାଚ ପରି ଖଣ୍ଡିତ ଆକାଶ
ନିଜେ ଏକ ଶେଥା ହସ, ଝାଞ୍ଜି ଖରା ମଳିଚିଆ ସଂଜର ନିଃଶ୍ୱାସ।"

ତଥାପି ସେ ଏକ ଅବର୍ଣ୍ଣନୀୟ ଅଭିଭାଷିତ ଅସ୍ତିତ୍ୱ। ଏହା ମଣିଷର ଏକ ସହଜ ଚେତନା। କିରକେଗାର୍ଡ଼ କହନ୍ତି- "ଅସ୍ତିତ୍ୱ ଟିକକ ହାସଲ ନକରିବା ଯାଏ ମଣିଷର ଅବସ୍ଥା ଯାତନାମୟ ହୋଇରହିବ। ଅସ୍ତିତ୍ୱ ହାସଲ କରିବାର ଉପାୟ ହେଲା- ବିଷାଦରେ ସଂପୂର୍ଣ୍ଣ ନିମଜ୍ଜନ। ବିଷାଦରେ ସଂପୂର୍ଣ୍ଣ ଭାବେ ବୁଡ଼ିଗଲେ, ସନ୍ତୋଷ ବୋଲି କିଛି ରହିବନି, ବିଳାସ ରହିବନି, ସୁଖ ଦୁଃଖ ରହିବନି। ଯେତେବେଳେ ମଣିଷ ସଂପୂର୍ଣ୍ଣ ସଂକଟଗ୍ରସ୍ତ ହୋଇଯିବ, ମଣିଷ ବାଛିବ ଆତ୍ମସମର୍ପଣ, ଅନୁଭବ କରିବ ଈଶ୍ୱର ସତ୍ତା। ଅନୁଭବ କରିବ ଅସ୍ତିତ୍ୱକୁ।" ବସ୍ତୁ ଜଗତ ସହିତ ମଣିଷ ସଂପର୍କର ଅଯୌକ୍ତିକତା, ମଣିଷ ସହିତ ମଣିଷ ସଂପର୍କର ଅର୍ଥହୀନତା, ମଣିଷ ସହିତ ସାମାଜିକ ସଂପର୍କରେ ଅନିଶ୍ଚିତତାର ସଂପୂର୍ଣ୍ଣ ବିଶ୍ଳେଷଣରୁ ହିଁ ଉଦ୍ଭବ ଅସ୍ତିତ୍ୱ। ଏହା ହିଁ ମଣିଷର ନିଜ ସହ ଅନ୍ତରଂଗ ଅଥଚ ନିଭୃତ ସଂଳାପ। ଏ ଅସ୍ତିତ୍ୱ ଏକ ସଂଜ୍ଞାମୁକ୍ତ ଚେତନା। ସଂପର୍କର ଅସ୍ଥାୟିତ୍ୱ (Transience Index)।

ଏ ସମସ୍ତ ଦଉଦାଳୀ ଉତ୍ତୀର୍ଣ୍ଣ ଭାବବସ୍ତୁ ଛଡ଼ା ଆକର୍ଷଣୀୟ ପରିପାଟୀରେ ବିଭୂଷିତ। କବିଙ୍କର ଶବ୍ଦ ସଂଯୋଜନାର ସାଫଲ୍ୟ ପାଠକକୁ ଚମତ୍କୃତ କରେ। ଶବ୍ଦ ଚୟନ ଲାଗେ ସ୍ୱତଃସ୍ଫୂର୍ତ୍ତ। କବିତାଗୁଡ଼ିକର ଭାବବସ୍ତୁ ସହ ସେଗୁଡ଼ିକର ସାଂଗୀତିକତା ସେଗୁଡ଼ିକୁ ପରିପକ୍ୱ କରେ। ପ୍ରକାଶଭଂଗୀର ସ୍ୱଚ୍ଛତା ଚଉଦାଳୀଗୁଡ଼ିକର ଅନ୍ୟତମ ଆକର୍ଷଣ। ଛନ୍ଦ ଓ ମଧୁର ଉଚ୍ଚାରଣରେ ପ୍ରତ୍ୟେକଟି ଶବ୍ଦ ଯେମିତି କୋମଳ, ଭାବର ତୀବ୍ରତାରେ ସେମିତି ମହାସମୁଦ୍ର ପରି ବିସ୍ତୃତ ଓ ଗଭୀର। ଛନ୍ଦମୟତା କବିତାଗୁଡ଼ିକର ଉତ୍ତରିତ ଭାବ ଚେତନାକୁ ପ୍ରତିହତ ନୁହେଁ ବରଂ ପ୍ରତିପାଳିତ କରିଛି। ଚଉଦାଳୀଗୁଡ଼ିକର ଶବ୍ଦକୋଷ ଓ କାବ୍ୟିକ ବ୍ୟଞ୍ଜନାର୍ଥ କବିତାଗୁଡ଼ିକୁ ପ୍ରାଣସ୍ପର୍ଶୀ କରିଛି। ଦୁର୍ବୋଧତା ଓ ବୌଦ୍ଧିକ ଆଡ଼ମ୍ବରଠାରୁ ଅନେକ ଦୂରରେ ଏ କବିତା ସବୁର ଆବେଦନ ସ୍ପଷ୍ଟ ଓ ତୀକ୍ଷ୍ଣ। ବିଶ୍ଳେଷଣ ନୁହେଁ, ତଲ୍ଲୀନତା ହିଁ ଏଗୁଡ଼ିକୁ ବୋଧଗମ୍ୟ କରାଏ। ଛନ୍ଦବଦ୍ଧ କବିତାରେ ଊର୍ଦ୍ଧ୍ୱଗ ଚେତନାର ପ୍ରତିଫଳନ ଓଡ଼ିଆ କବିତା କ୍ଷେତ୍ରରେ କମ୍ ପରିଲକ୍ଷିତ

ହୁଏ। କବି ଗୌତମ ଜେନାଙ୍କ ଚଉଦାଳୀଗୁଡ଼ିକରେ ଆଂଗିକ ଓ ଆତ୍ମିକର ଯେଉଁ ଅପୂର୍ବ ସମନ୍ୱୟ ଘଟିଛି, ତାହା ଗିରିଜା ବଳିୟାର ସିଂହଙ୍କୁ ବାଦ୍ ଦେଲେ ଅନ୍ୟ କୌଣସି ସମସାମୟିକ ସନେଟ୍ ରଚୟିତାଙ୍କ କବିତାରେ ପ୍ରତଫଳିତ ହୁଏ ନାହିଁ। ଗଠନକଳା ଓ କାବ୍ୟମର୍ମର ସହାବସ୍ଥିତି କବିତାଗୁଡ଼ିକୁ କରିଛି ସ୍ୱତନ୍ତ୍ର, ଅନନ୍ୟ। କବିତାଗୁଡ଼ିକ ନିରପେକ୍ଷ ସମାଲୋଚନାର ଅପେକ୍ଷା ରଖନ୍ତି। କବି ନୁହେଁ କବିତାର ପରିଚୟକୁ ନେଇ ଆଲୋଚନା ହେବା ବିଧେୟ। ପ୍ରତିଷ୍ଠିତ କବିମାନଙ୍କର କାବ୍ୟିକ ସଫଳତାକୁ କେହି ଅସ୍ୱୀକାର କରୁ ନାହିଁ। ହେଲେ ସମାଲୋଚନାର ପରିସର ବ୍ୟାପକ ହେଉ। ସମାଲୋଚକ ବ୍ୟକ୍ତିସ୍ତୁତି ଓ ଆନୁଷ୍ଠାନିକତାରୁ ମୁକ୍ତ ହେଉ। ନିରୁତା ଓ ନିଦ୍ୱନ୍ଦ୍ୱ ସମାଲୋଚନା ତା'ର ଧ୍ୟେୟ ହେଉ। କାବ୍ୟିକ ମୂଲ୍ୟାୟନ ବ୍ୟାପକ, ନିଷ୍ପକ୍ଷ, ନିରପେକ୍ଷ ଏବଂ ସମଦର୍ଶୀ ହେଲେ କବି ଗୌତମ ଜେନାଙ୍କ ଚଉଦାଳୀଗୁଡ଼ିକ ଯେ ଓଡ଼ିଆ ସାହିତ୍ୟକୁ ଅସାମାନ୍ୟ ଅବଦାନ ଭାବେ ପରିଗଣିତ ହେବେ, ଏଥିରେ ଦ୍ୱିମତ ନାହିଁ।

'ସମୟ ବିଷାଦ ନଈ'ରେ ବିରହର ବିଶ୍ୱାମିତ୍ର କବି ଗୌତମ ଜେନା

ପ୍ରାଧ୍ୟାପକ ଅଭିମନ୍ୟୁ ରାଉତ

ସାଂପ୍ରତିକ ଓଡ଼ିଆ ସାହିତ୍ୟରେ କବି ଗୌତମ ଜେନା ଏକ ପରିଚିତ ନାମ। ବିଂଶ ଶତାବ୍ଦୀର ସପ୍ତମ ଦଶକରୁ ଏକ ବିଂଶ ଶତାବ୍ଦୀର ପ୍ରଥମ ଦଶକ ସମୟ ସୀମାରେ ତାଙ୍କର କବିତା ରଚନା ଗତିଶୀଳ। ସମସାମୟିକ କବିମାନଙ୍କ ଭିତରେ ସେ ଅନ୍ୟତମ। କେବଳ କେତେଗୁଡ଼ିଏ ଶବ୍ଦକୁ ଥୋଇ ଦେଇ, ଶବ୍ଦ ଜାଲ ଭିତରେ ସେ ଛନ୍ଦି ହୋଇ ନିଜକୁ କବି ଭାବରେ ଡିଣ୍ଡିମ ପିଟୁଥିବା କବିମାନଙ୍କ ଭିତରେ ସେ ପରିଗଣିତ ନୁହଁନ୍ତି। ଦୁର୍ବୋଧ କବିତାର ବଂଦନୀ ଭିତରୁ ବାହାରି ସାଧାରଣ ପାଠକଙ୍କ ହୃଦୟକୁ ଛୁଇଁଲା ଭଳି କବିତା ସେ ରଚନା କରି ଯଶସ୍ୱୀ ହୋଇଛନ୍ତି। ଯାହା ଥରେ ପାଠ କଲେ ଆପେ ଆପେ ମନକୁ ଛୁଇଁଯାଏ।

ସମକାଳୀନ କବିତା କ୍ଷେତ୍ରରେ କବି ଗୌତମ ଜେନାଙ୍କ "ସମୟ ବିଷାଦ ନଈ" ଏକ ପ୍ରତିନିଧି ସ୍ଥାନୀୟ ଅନନ୍ୟ କାବ୍ୟଗ୍ରନ୍ଥ। ଏଥିରେ ପ୍ରେମ / ବିରହ / ବିଷାଦର ଚିତ୍ର ଅଂକିତ ହୋଇଥିବା ବେଳେ ଗ୍ରନ୍ଥର ଶେଷ ପର୍ଯ୍ୟାୟରେ କବି ଅତିଭୌତିକ, ଅତିନ୍ଦ୍ରିୟ, ଆଧିଦୈବିକ ଓ ଅଲୌକିକ ସତ୍ତା ପାଖରେ ନିଜକୁ ହଜେଇ

ଦେବା ପାଇଁ ପ୍ରୟାସ କରିଛନ୍ତି। ଦୁଃଖ ଯନ୍ତ୍ରଣା ଭିତରେ ସେ ଭୁଲି ପାରିନାହାନ୍ତି ଆଦ୍ୟ ଯୌବନର ପ୍ରେମିକାଙ୍କୁ। ଜୀବନର ଅନେକ ରୂପରଂଗ ଭିତରେ ସେ ଖୋଜି ଚାଲିଛନ୍ତି ତାଙ୍କୁ ପାଇବା ପାଇଁ। ବଂଚିବାର ଦୁର୍ବାର ଅଭୀପ୍‌ସା ଭିତରେ ସେ ସ୍ୱପ୍ନଚାରୀ ହୋଇ ଖୋଜି ଚାଲିଛନ୍ତି ତାଙ୍କର ପ୍ରଣୟିନୀଙ୍କୁ।

"ସମୟ ବିଷାଦ ନଈ" କବିତା ସଂକଳନଟି ଏକାନ୍ତ ଭାବେ ସୁଖପାଠ୍ୟ ଓ ଆବେଗ ପ୍ରଣୋଦିତ। କବିତା ପାଇଁ ଶବ୍ଦ ଚୟନ ହିଁ ମୁଖ୍ୟ। କବିତାର ଭାବବସ୍ତୁ ସହିତ ଶବ୍ଦସଂଯୋଜନାର ସମୀକରଣ ନ ଘଟିଲେ କବିତା ଉତ୍ତରଣମୁଖୀ ହୋଇପାରେ ନାହିଁ କିମ୍ବା ହୃଦୟକୁ ଆନ୍ଦୋଳିତ କରିପାରେ ନାହିଁ। ଜୀବନର ସବୁ ଭାବ, ଅନୁଭାବ, ବିଭାବ ଏହି ଶବ୍ଦମାନଙ୍କରେ ଚିତ୍ର ପରି ଦୃଶ୍ୟ ହୋଇଯାଏ। ଏଇଠି ହିଁ ପ୍ରମାଣିତ ହୁଏ କବିର ସଫଳତା, ପ୍ରଦର୍ଶିତ ହୁଏ କବିର ବିନ୍ଧାଣୀପଣିଆ। ଉକ୍ତ ସଂକଳନର ପ୍ରତ୍ୟେକଟି ପଂକ୍ତିରେ ରହିଛି ବିରହ ବ୍ୟଥାର ଏକ ମାର୍ମିକ ଅଭିବ୍ୟକ୍ତି। ଯାହା ପ୍ରତ୍ୟେକଟି ବ୍ୟକ୍ତିର ହୃଦୟକୁ ଯନ୍ତ୍ରଣା ଜର୍ଜରିତ କରିବା ପାଇଁ ସମର୍ଥ। ପ୍ରତ୍ୟେକଟି ଅକ୍ଷର ସତେ ଯେପରି ଏ ବିଶ୍ୱର ନୂଆ ଅଭିଧାନ, ପ୍ରତିଟି ଶବ୍ଦରେ କୋଟି କୋଟି ପୃଥିବୀ ବିଲୀନ। ସେହି ଶବ୍ଦର କି ସମ୍ମୋହନ ଶକ୍ତି ! କାବ୍ୟନାୟକ କହେ: "ପ୍ରତିଟି ଅକ୍ଷରେ ତୋ'ର ନୂଆ ନୂଆ ଇତିହାସ / ପ୍ରତିଟି ଶବ୍ଦରେ ତୋର କୋଟି କୋଟି ପୃଥିବୀ ବିଲୀନ / ଶବ୍ଦର ଭାବରେ ପୁଣି ଏତେ ନୂଆ ସ୍ୱପ୍ନ ଥାଏ / ଶବ୍ଦଟିଏ ଏ ବିଶ୍ୱର ନୂଆ ଅଭିଧାନ।"

ଗୋଟିଏ ଶବ୍ଦକୁ ନେଇ ଜନ୍ମ ଜନ୍ମାନ୍ତର ଘୂରି ବୁଲିଲେ ମଧ୍ୟ ତଥାପି ବି ସଂପୂର୍ଣ୍ଣ ବୁଝି ହୁଏ ନାହିଁ ତା'ର ଅର୍ଥ। ଯେଉଁଥିପାଇଁ ପ୍ରେୟସୀର ଚିଠିକୁ ବାରମ୍ବାର ପଢ଼ିବା ପାଇଁ ଧରାବତରଣ କରୁଛି କାବ୍ୟନାୟକ। ପ୍ରେୟସୀର ରୂପ ଲାବଣ୍ୟଠାରୁ ଅକ୍ଷରର ସମ୍ମୋହନ କବିପ୍ରାଣକୁ ଅଧିକ ବ୍ୟାକୁଳିତ କରିଛି। ଏଯାବତ୍ କାବ୍ୟ / କବିତାରେ ରୂପ ଲାବଣ୍ୟକୁ କାବ୍ୟ /କବିତାର ଗଠନ ପ୍ରଣାଳୀ ଠାରୁ ଅଧିକ ଗୁରୁତ୍ୱ ପ୍ରଦାନ କରାଯାଉଥିବା ସ୍ଥଳେ, କବି ଗୌତମ ଜେନା ଅକ୍ଷର ଓ ଶବ୍ଦର ମାହାତ୍ମ୍ୟକୁ ଅଧିକନ୍ତୁ ଉଲ୍ଲେଖନୀୟ ଶ୍ରେଷ୍ଠତ୍ୱ ପ୍ରଦାନ କରିଛନ୍ତି। ଯେମିତି:

"ବିଲରେ ବିହନ ପରି / ଏ ଚିଠିରେ କେ ଦେଇଚି ବିଂଚି ଅକ୍ଷରକୁ / ବତାସରେ ପତ୍ର ପରି / ଉଡ଼ାଇ ଆଣିଚି କିଏ ଏ ଚିଠିର ପ୍ରତିଟି ଶବ୍ଦକୁ / ପ୍ରତିଟି ଶବ୍ଦ ତ ମୋତେ ନୂଆ ଲାଗେ ଯେମିତିକା ଆଉ କେଉଁ ଦେଶ ଲୋକ / ମୋତେ କିଛି ପଚାରୁଛି ଅବୁଝା ଭାଷାରେ / ପ୍ରତିଟି ଶବ୍ଦ ତ ମୋତେ ନୂଆ ଲାଗେ / ବିଞ୍ଚଣା ନଥିଲା ପରି ଝାଂଜି ଖରାବେଳେ।"

ଶବ୍ଦ ସବୁ ବେଳେବେଳେ ଦେହର ଚାରିପିଟି ଜାଲ ବୁଣେ, ଅଜଣାତେ ମୂର୍ତ୍ତିଟିଏ ହୋଇ ନାଚ କରେ। ପୁଣି କେତେବେଳେ ହୃଦୟରେ ଶବ୍ଦଙ୍କର ପ୍ରତିଧ୍ୱନି ପୁଣି କେତେବେଳେ ମିଶିଯାଏ ରକ୍ତ ପ୍ରବାହରେ। ଏ ଶବ୍ଦ ତରଳେଇ ଦେଉଚି ପଥରର ହୃଦୟ। ସତେ ଯେମିତି ଏ ଶବ୍ଦର ଉତ୍ତାପରେ ଲୌହ ପରି କଠିନ ହୃଦୟ ତରଳି ଯାଉଛି ଆଉଟା ଲୁହା ପରି। ପୁଣି ଉଚ୍ଛୁଳା ନଈ ପରି ମନ ଆଉ ସଂଯମତାର ସମସ୍ତ ବନ୍ଧକୁ ଘାଇ କରି ବହିଯାଉଛି। ପ୍ରତିଟି ଶବ୍ଦ ଗୋଟିଏ କଥାରୁ ଆଉ ଗୋଟିଏ କଥା ପାଖକୁ ନେଇଯାଉଛି, ଗୋଟିଏ ସ୍ୱପ୍ନକୁ ଆଉ ଗୋଟିଏ ସ୍ୱପ୍ନ ପାଖକୁ ନେଇଯାଉଛି। ଏଇ ଶବ୍ଦର ଚମତ୍କାରିତା ସମକାଳୀନ କବିତାରେ ବିରଳ- ଏହା କହିବା ବାହୁଲ୍ୟ ମାତ୍ର। ଅଥଚ କବି ରମାକାନ୍ତ ରଥ "ଶ୍ରୀ ରାଧା" କାବ୍ୟରେ ଏହି ଶବ୍ଦ ମାୟାଜାଲରୁ ମୁକୁଳି ପାରିନଥିଲେ ମଧ୍ୟ ଶବ୍ଦର ଗୀତିମୟତା ପ୍ରତି ଅଧିକ ଧ୍ୟାନ ଦେଇ ପାରିନାହାନ୍ତି। ଏଇ ଶବ୍ଦ ଅଚିନ୍ତନୀୟ, ଯୁଗ ଯୁଗ ବ୍ୟାପୀ। ଶବ୍ଦଟିଏ ଶୁଣୁଶୁଣୁ ବେଳ ଗଡ଼ିଯିବ ସବୁ ସଂଶୟର, ସଂଦେହର ପୁଣି ଏକ ପ୍ରଶ୍ନ ପାଇଁ ବାକ୍ୟ ଗଠନର। ନୂତନ ଚେତନାରେ ବିଭୋର ହୋଇପଡ଼ି ରମାକାନ୍ତ ପ୍ରକାଶ କରିଛନ୍ତି।

"ଏପରି ଅଚିନ୍ତନୀୟ ଯୁଗ ଯୁଗ ବ୍ୟାପୀ ଶବ୍ଦଟିଏ / ଯାହା ଶୁଣୁଶୁଣୁ ବେଳ ଗଡ଼ିଯିବ ସବୁ / ସଂଶୟର, ପୁଣି ଏକ ପ୍ରଶ୍ନ ପାଇଁ ବାକ୍ୟ ଗଠନର / ନଈର ସେପାଖେ ଦିନ ହେଲେ ହେଉଥାଉ / ଏଠାରେ କେବଳ ରାତି, ତମେ ଯେତେଥର / ମତେ ଛୁଅଁ ସେତେଥର ବୟଃ ପ୍ରାପ୍ତି ହେବା / ଉତ୍ସବରେ ମୋ ମୃତ୍ୟୁ ମୁଖର।" (ଶ୍ରୀ ରାଧା)

ଅତି ସହଜ, ସରଳ, କଥିତ ଭାଷାରେ "ସମୟ ବିଷାଦ ନଈ"ର ପଂକ୍ତିଗୁଡ଼ିକ ଉପଭୋଗ୍ୟ ହୋଇପାରିଛି। ଦୃଶ୍ୟାତ୍ମକ ଚିତ୍ରକଳ୍ପରେ ପାଠକ ବିଭୋର ହୋଇଯିବା ଆଦୌ ବିଚିତ୍ର ନୁହେଁ ଓ ଏହି ଦୀର୍ଘ କବିତାଟିକୁ ପଢୁ ପଢୁ କେଉଁଠି କବିତାଟି ସରିଯାଏ ତାହା ପାଠକ ମଧ୍ୟ ବିସ୍ମରି ଯାଇଥାଏ। ଯେମିତି: "କାହା ସାଥେ ବୁଲିବି ମୁଁ ବନପ୍ରାନ୍ତ/ ଆଲୋକ ଅନ୍ଧାର ଆଉ ପାପପୁଣ୍ୟ ସୀମା ସରହଦ / କିଏ ମୋର ଆଜୀବନ ଭାବ ଆଉ ଅଭାବର / ଏକମାତ୍ର ଅଂଶୀଦାର କୋମଳ ଦରଦ / କିଏ ମୋ ଆଖିର ଲୁହ ଦେଖି ଆଉ ତରଳିବ / ଯମୁନାର ଜଳପରି ଆବେଗରେ ଛଳଛଳ ହୋଇ / ମୋ ପାଇଁ ବା କିଏ ଆଉ ନିଜକୁ ବିଛେଇ ଦେବ / ବାଟ ହୋଇ ଚାଲିଯିବା ପାଇଁ।" (ପୃ-୩୭)

କୁହାଯାଏ କବିତା ଯେକୌଣସି ଜାତିର ସଂବେଦନଶୀଳ ମାନସର ସୂକ୍ଷ୍ମତମ ସ୍ଥିତି ଓ ଜାତିର ମାନସିକତାର ପରିବର୍ତ୍ତନ ହେବା ସଂଗେ ସଂଗେ କବିତାରେ ତାହା ପ୍ରତିଫଳିତ ହୋଇଥାଏ। ଓଡ଼ିଆ କବିତାରେ ମଧ୍ୟ ତାହା ହିଁ ଘଟିଛି। ସ୍ୱାଧୀନତା ପୂର୍ବର ମାନସିକତା ସ୍ୱାଧୀନତୋତ୍ତର ଜୀବନରେ ପରିବର୍ତ୍ତିତ ହୋଇଛି। ପୁଣି ଗତ ୫୦/୬୦

ବର୍ଷ ଭିତରେ ବହୁମୁଖୀ ହୋଇଛି। ଭାଷା ଦୃଷ୍ଟିରୁ, ଦୃଷ୍ଟିଭଂଗୀ ଦୃଷ୍ଟିରୁ ଉପସ୍ଥାପନା କୌଶଳ ଦୃଷ୍ଟିରୁ ବିଷୟବସ୍ତୁ ଓ ଆଂଗିକର ପରିବର୍ତ୍ତନ ଘଟିଛି। କବି ଗୌତମ ଜେନାଙ୍କ କବିତାରେ ଏହି ସବୁ ଆଧୁନିକତା ମଧ୍ୟ ସ୍ପଷ୍ଟ ପରିଦୃଷ୍ଟ ହୁଏ। "ମଣିଷ ଜନ୍ମରେ ପୁଣି ଏତେ ବ୍ୟଥା ଏତେ ଜ୍ୱାଳା ସବୁ ଜାଣି ଇଚ୍ଛା ହୁଏ ଆଉ ଥରେ ଜନ୍ମିବାକୁ ଏଠି"- ବିଶ୍ୱକବି ରବୀନ୍ଦ୍ର ନାଥଂକ ପରି ମାଟିର ମୋହକୁ ପ୍ରକାଶ କରିଛି। ଯେମିତି: "ମରିତେ ଚାଇନା ଆମି ସୁନ୍ଦର ଭୁବନେ, ମାନୁଷେର ମାଝେ ଆମି ବଂଚିବାର ଚାହିଁ।" ଅଥଚ ମଣିଷର ବ୍ୟଥା ଓ ଜ୍ୱାଳାକୁ 'ସମୟ ବିଷାଦ ନଈ' ରେ ଗଭୀର ଭାବରେ ଦୃଷ୍ଟାନ୍ତ ଦିଆଯାଇଥିବା ବେଳେ ବିଶ୍ୱକବି ସୃଷ୍ଟିର ସୌନ୍ଦର୍ଯ୍ୟ ପ୍ରତି ଅନୁରକ୍ତି ପ୍ରକାଶ କରିଛନ୍ତି। "ବ୍ୟଥା ଓ ଜ୍ୱାଳାରେ ବଂଚିବା" ତଥା "ସୌନ୍ଦର୍ଯ୍ୟର ଆକର୍ଷଣରେ ବଂଚିବା" ଗୋଟିଏ ଦିଗକୁ ଦୁଇଟି ସମାନ୍ତରାଳ ରାସ୍ତା। ଆପାତଃ ଭିନ୍ନତା ଯେ ଆଦୌ ଭିନ୍ନ ନୁହେଁ- ଏଥିରୁ ଏହା ସ୍ପଷ୍ଟ।

ସେଥିପାଇଁ "ପୃଥିବୀର ସବୁ ଯଦି ମିଛ ହୁଏ, ଗୌତମୀ ତୁ ଏକମାତ୍ର ସତ୍ୟ"- ଭିତରେ କବି ପୃଥିବୀର ଜାଗତିକ ସତ୍ତା ପ୍ରତି ସଚେତନ ଭାବ ପ୍ରକାଶ କରିଛନ୍ତି। ପ୍ରତ୍ୟେକ ମଣିଷ ଏ ମାଟିରେ ବଂଚିରହେ ପ୍ରେମର ଅଲୌକିକ ଦିବ୍ୟଜ୍ୟୋତିର ଅବଗାହନ କରିବା ପାଇଁ। ପ୍ରତ୍ୟେକ ସୌନ୍ଦର୍ଯ୍ୟପିପାସୁ ମଣିଷକୁ ସ୍ପର୍ଶ କରିପାରେ ନାହିଁ ଜାଗତିକ, ଭୌତିକର ପ୍ରହେଳିକା। ଗଭୀର ଆତ୍ମବିଶ୍ୱାସ ନେଇ କାବ୍ୟନାୟକ ଘୂରି ବୁଲୁଛି ସେହି ପରମ ସୌନ୍ଦର୍ଯ୍ୟ ଭିତରେ ଲୀନ ହୋଇଯିବା ପାଇଁ। କହି କହନ୍ତି:

"ନିଜେ ମୁଁ ନାୟକ ହୋଇ / ଅଗ୍ନାଅଗ୍ନି ବନସ୍ତେ ଘୂରିଛି / ପତ୍ରଟିଏ ପଡ଼ିଗଲେ ବଜ୍ରପରି ମୋତେ ଶୁଭୁଅଛି / ଛାତିରେ ଛାତିଏ ଭୟ / ମୋତେ ପାରେ ନାହିଁ ଅଟକାଇ / ମୃତ୍ୟୁକୁ ମୁଁ ମୋ ଭିତରୁ ଦେଇଛି ହଜେଇ।" ବିରହ ହେଉଛି ସବୁଠାରୁ ଦାରୁଣ କଷଣ। ପ୍ରେମ ନିକଟରେ ସକଳ ଜଗତ ବନ୍ଧା। ପ୍ରୀତି ଫାଶରେ ସକଳ ଜଡ଼, ଚେତନ ଆବଦ୍ଧ। ସେହି ବିରହ ଜ୍ୱାଳା ପ୍ରକାଶ କରିବାକୁ ଯାଇ ଗୋପବନ୍ଧୁ ଦାସ ଉଲ୍ଲେଖ କରିଛନ୍ତି:

"ଆହା ! ପ୍ରିୟ ଜନ ବିରହ କି ଦାରୁଣ କଷଣ
ପ୍ରୀତି ପାଶେ ବନ୍ଧା ଜଗତ ସର୍ବେ ଜଡ଼ ଚେତନ।"

ସେହିପରି ଆଧୁନିକ କବିତାରେ ଫନୀ ମହାନ୍ତି ତାଙ୍କ 'ପ୍ରିୟତମା' କାବ୍ୟରେ ବିରହ ବେଦନାକୁ ମୁଖ୍ୟସ୍ଥାନ ଦେଇଛନ୍ତି। 'ପ୍ରିୟତମା' ପାଇଁ ସେ ଏ ମାଟି ଉପରକୁ ଓହ୍ଲାଇ ଆସିଛନ୍ତି। ପ୍ରିୟତମାର ସ୍ମୃତି ରୋମନ୍ଥନ କରି କହନ୍ତି:

"କେଉଁ ଡାଳ ଗହଳିରେ ବସି / ଦୁଃଖର ସଂଗୀତ ଗାଅ ପ୍ରିୟତମା / କିଏ ଦେବ ଗୋପନ ଖବର / ମୋର ଯେତେ ସବୁ ଖୋଜାଲୋଡ଼ା / ଫୁଲ ଛିଣ୍ଡା ଶବ୍ଦର ମନ୍ଥନ / ଗହନ ବନରେ ପୁଣି ସବୁ ନିରର୍ଥକ / ତମ ବିନୁ ଶବ୍ଦ ହୀନ / ବିଅର୍ଥ ଜୀବନ।"

ପ୍ରିୟାର ଅଭିମାନରେ ଜୀବନ ଯେପରି ଦୁର୍ବିସହ, ନିରସ, ଶୁଷ୍କ। ସେହିପରି କବି ଗୌତମଙ୍କ ପ୍ରେମିକାର ଚିଠିରେ ପ୍ରତିଟି ଶବ୍ଦ ବେଦନା ବିଧୁରିତ। ପ୍ରତିଟିଶବ୍ଦ ନେଇଯାଏ ଗୋଟିଏ କଥାରୁ ଆଉ ଏକ କଥାର ପାଖକୁ। ଗୋଟିଏ ସ୍ୱପ୍ନରୁ ପୁଣି ଚେଇଁଦେଇ ନେଇଯାଏ ଆଉ ଏକ ସ୍ୱପ୍ନ ବିବରକୁ। ପ୍ରତିଟି ଶବ୍ଦରୁ ଝରେ ଥୋପା ଲୁହ। ସତେ ଯେମିତି ଏ ଚିଠି ଅନନ୍ତର କ୍ରମିକ ପ୍ରବାହ। ପୃଥିବୀର ସବୁ ଯଦି ମିଛ ହୁଏ ପ୍ରେମ କିନ୍ତୁ ଏକମାତ୍ର ସତ୍ୟ। ପ୍ରିୟତମା ପାଲଟଇ ସତେ ଅବା ବର୍ତ୍ତୁଳ ପୃଥିବୀ। ଏ ପୃଥିବୀ ପରି ଦେହର ବିଶାଳତା ଭିତରେ କାବ୍ୟନାୟକର କ୍ଷୁଦ୍ର ପ୍ରେମ ପରି ନିପଟ ଗାଁ'ର ମାନଚିତ୍ର ବା ଖୋଜି ବୁଲିଲେ ମିଳିବ କେମିତି! ତଥାପି କାବ୍ୟ ନାୟକ ଉଚ୍ଚାରଣ କରେ:

"ସବୁ ଜାଣି ଦିଗହଜା ପକ୍ଷୀ ପରି କି ସାହସ / ବିପର୍ଯ୍ୟସ୍ତ ନୀଡ଼ ବାନ୍ଧିବାକୁ / ସବୁ ବାଟ ଚାଲିବାର ନୁହେଁ ଜାଣି / କାହିଁକି ଲାଗୁଛି ମାୟା ଗୌତମୀରେ / ଆଉ କିଛି ବାଟ ଚାଲିବାକୁ!!"

ସେଥିପାଇଁ ପ୍ରିୟତମା କେବଳ ତୁଳନୀୟ ସେହି ପ୍ରିୟତମା ସହିତ। ଅନ୍ୟତମ ଆଧୁନିକ କବି ନିତ୍ୟାନନ୍ଦ ପତି ତାଙ୍କ ପ୍ରିୟତମା 'ସପନି'କୁ ପାଇବା ପାଇଁ ଯେଉଁ ବ୍ୟାକୁଳତା ପ୍ରକାଶ କରିଛନ୍ତି- ତାହା ଏକ ସୁନ୍ଦର ଚିତ୍ରକଳ୍ପର ରୂପ ନେଇଛି। ସେ କହନ୍ତି: "ସପନି ଲୋ! ମୋର ଲାଗି ମନା ହେବ / ତେ' ବଗିଚା ହୋମକୁଣ୍ଡ ନଈ ଆଉ / ପାହାଡ଼ ଓ ହ୍ରଦ / ଅଣଚାଶ ପବନରେ ବୁଲୁଥିବି ଫଟା / କିଆରୀରେ / ଭୋକିଲା ସାପକୁ ନେଇ ଖେଳୁଥିବି ବନସ୍ତ ମଝିରେ / ସପନି ଲୋ! ଆମର କପାଳ କ'ଣ ଖରାଦିନେ ନିଛାଟିଆ ବାଟ / ଆମେ କ'ଣ ହେବା ନାହିଁ କ୍ଷୁଧାର୍ତ୍ତ ଶେଷ ପ୍ରହରେ ଯାଉଁଳି କବାଟ।" ପ୍ରେମର ଏପରି ଏକ ତୁଳନାତ୍ମକ ଅଧ୍ୟୟନ ଭିତରେ 'ସମୟ ବିଷାଦ ନଈ'ର ଗଭୀରତା ସ୍ୱତନ୍ତ୍ର ମନେହୁଏ। ଆଧୁନିକ କବିତା କ୍ଷେତ୍ରରେ ଏହା ଏକ ସ୍ମରଣୀୟ ପ୍ରେମ କବିତା କହିଲେ ଯଥାର୍ଥ ହେବ। ପରିଚ୍ଛନ୍ନ ଭାବ, ଶବ୍ଦ ସଂଯୋଜନା, ଆବେଗ, ଔଚିତ୍ୟବୋଧ ଓ ସୌନ୍ଦର୍ଯ୍ୟବୋଧର ସମସ୍ତ ବିଭାଗକୁ ଏହି କବିତାରୁ ଉପଲବ୍ଧ କରିହୁଏ। ଏହି ପରିପ୍ରେକ୍ଷୀରେ 'ସମୟ ବିଷାଦ ନଈ'ର କାବ୍ୟିକ ବିଧାନର ବିଶ୍ଳେଷଣ ଏକାନ୍ତ ତାତ୍ପର୍ଯ୍ୟପୂର୍ଣ୍ଣ ମନେହୁଏ।

(୧) 'ସମୟ ବିଷାଦ ନଈ'ରେ ପ୍ରେମର ଗଭୀରତା ସୁସ୍ପଷ୍ଟ।

(୨) ପ୍ରଲମ୍ବିତ ବେଦନାବୋଧ ଯେଉଁ ଭଳି ପ୍ରସାରିତ ସେହିପରି ବିରହର ଭୟାନକ ଶୂନ୍ୟତା ହୋଇପାରିଛି ଆକାଶବ୍ୟାପୀ।

(୩) ଏଥିରେ ପ୍ରେମିକା କେବଳ ଉପଲକ୍ଷ। ଅଥଚ ବିରହ, ବେଦନା ଓ ବିଷାଦର ମୁଖ୍ୟ ସ୍ୱର ଝଂକୃତ। ଆଦ୍ୟ ଯୌବନ, ସାନ୍ନିଧ, ସାହଚର୍ଯ୍ୟ ଏଠାରେ ଆଦୌ ମୁଖ୍ୟ ନୁହେଁ, ବରଂ ଶୂନ୍ୟତାର ବୋଝ କେତେ ଦାରୁଣ ଓ ଦୁଃଖମୟ- ତାହା ବିଚାର୍ଯ୍ୟ।

(୪) ଏଠାରେ ପ୍ରେମ ପାଇଁ ହିଁ ବିଷାଦର ନଈ। ଏ ବିଷାଦର ନଈ ଚିର ପ୍ରବାହମାନ। ପ୍ରେମିକାର ପରିସୀମାରେ ପ୍ରେମ ସଂକୁଚିତ, ବିରହ ସୀମିତ ଅଥଚ ବିଷାଦର ବିଶାଳତା ଭିତରେ ପ୍ରେମ କେବଳ ଶାଶ୍ୱତ ନୁହେଁ, ସୁବିସ୍ତୃତ। ଏହା ବ୍ୟକ୍ତି- ବେଦନା ନୁହେଁ ବରଂ ବ୍ୟକ୍ତିର ଜୀବନଦର୍ଶନ। ଏହି ପରିପ୍ରେକ୍ଷୀରେ କାବ୍ୟ ଭାବନା ଗୌଣ ଅଥଚ କାବ୍ୟ- ଦର୍ଶନ ମୁଖ୍ୟ।

(୫) ପାର୍ଥିବ ପ୍ରେମର ଗଭୀରତା କ୍ରମଶଃ ଊର୍ଦ୍ଧ୍ୱମୁଖୀ ଚେତନାରେ ରୂପାନ୍ତରିତ ହୋଇ ଅନୁଭବର ସ୍ତରରୁ ଆଧିଭୌତିକ ସ୍ତରକୁ ଉନ୍ନୀତ ହୋଇଛି। ଯେଉଁଠି ଚେତନା ଚେତନାହୀନ, ମୃତ୍ୟୁ ମୃତ୍ୟୁ ହୀନ, ଭାବନା ଭାବମୟ ଓ ସମୟାତୀତ ହୋଇ ସବୁ ସମୟର ହୋଇପାରିଛି।

(୬) ପ୍ରେମର ତଟଭୂମି ପାଲଟି ଯାଇଛି ଦର୍ଶନର ପାହାଚ। ଏହି ପାହାଚ ପରେ ପାହାଚ ଚଢ଼ିପାରେ ଜଣେ ବିରହୀ ପୁରୁଷ। ପ୍ରାପ୍ତି ପାଇଁ ତା'ର ଇଚ୍ଛା ନାହିଁ, ଅଛି ପ୍ରାପ୍ତିର ଜିଜ୍ଞାସା। ଏହି ଜିଜ୍ଞାସା ବୋଧ ହିଁ ଜନ୍ମ ପରେ ଜନ୍ମ ଘୂରାଉଥାଏ ମହାକାଳର ଚକା ଭଉଁରୀ। ଯେଉଁଠି ଜନ୍ମ ମରଣ ପ୍ରଭାବହୀନ ଅଥଚ ଅନ୍ୱେଷଣ ଏକାନ୍ତ ଲକ୍ଷ୍ୟ।

(୭) ଏହି ପରିପ୍ରେକ୍ଷୀରେ ପ୍ରେମ ଏକ ପୁଷ୍କରିଣୀ। ବିଷାଦ ହିଁ ଏକ ନଈ। ଯେଉଁଠି ପଦ୍ମ ପରି କାବ୍ୟ ନାୟିକାର ମୁହଁରେ ପ୍ରତିଦିନ ବିରହୀ ନାୟକ ପରି ସୂର୍ଯ୍ୟର ପ୍ରତିଛବି ପ୍ରତିବିମ୍ବିତ ହୁଏ। ସେଠି ମଂଜିଟିଏ ପୋତା ହୋଇଥାଏ। ପ୍ରତିଦିନର ଫୁଲ ଫୁଟିବା ପାଇଁ। ସେ ଫୁଲ ମହମହ ବାସେ ଏବଂ ସେହି ବାସ୍ନା ଭିତରୁ ବିଷାଦ ରୂପୀ ଦର୍ଶନର ନଈଟିଏ ପ୍ରବାହିତ ହୋଇ ଚାଲିଥାଏ।

(୮) ଏ ନଈ ଏତେ ଚଳଚଂଚଳ ଯେ, ସାଧାରଣ ମଣିଷଟିଏ ଏ କଥା ବୁଝି ବି ବୁଝି ପାରେନା ବା ବୁଝି ପାରିଲେ ବି ମନେରଖି ପାରେନା। ଯାହା ସବୁ ସମୟର ପ୍ରବାହରେ ଭାସି ଭାସି ଚାଲିଥାଏ। ସେତେବେଳେ ମନେହୁଏ ଏ ସଂସାର ତୁଚ୍ଛ ବା କ୍ଷଣିକ। ଏକମାତ୍ର ପ୍ରେମ ହିଁ ପାଲଟିଯାଏ ପ୍ରେମର ସ୍ୱରୂପ।

(୯) 'ସମୟ ବିଷାଦ ନଈ'ରେ ପ୍ରେମ ଏକ ପ୍ରଜ୍ୱଳିତ ଅଗ୍ନିପିଣ୍ଡ। ଯେଉଁଠି ବିରହ ବାରମ୍ବାର ଦଗ୍ଧ ହୋଇ ଶୁଦ୍ଧ ସୁବର୍ଣ୍ଣ ପରି ପ୍ରତୀତ ହେଇଛି। ଏ ବିରହରେ କାମନା ନାହିଁ, ଅଛି କାମନାହୀନ ଦହନ। ଅଥଚ ରମାକାନ୍ତଙ୍କ 'ଶ୍ରୀରାଧା' ସ୍ୱର୍ଗଲୋକର ମିଳନରେ ଆକାଂକ୍ଷା କରିଥିବା ବେଳେ, ଆର ଜନ୍ମ ବା ଜନ୍ମ ପରେ ଜନ୍ମକୁ ଅପେକ୍ଷା ରଖୁଥିବା ଗୌତମଙ୍କ ଗୌତମୀ ଏଇ ମାଟି ଓ ମାଟିର ଆବେଗକୁ ନେଇ ଘୂର୍ଣ୍ଣିତ। 'ଶ୍ରୀରାଧା'ରେ କବି ପ୍ରେମିକ ଅଥଚ 'ସମୟ ବିଷାଦ ନଈ'ରେ କବି ଦାର୍ଶନିକ।

(୧୦) ପୁରୁଷ ମନକୁ ବିରହ ଯେତେଭାବରେ ରେଖାପାତ କରେ ତାହା ନାରୀ ମନକୁ ସେତେଭାବରେ ପ୍ରତିକ୍ରିୟାଶୀଳ କରିପାରେ ନାହିଁ। 'ସମୟ ବିଷାଦ ନଈ'ରେ ନାୟକର ହୃଦୟରେ ବିରହ ଯେତେ ଭାବରେ ପ୍ରଭାବ ବିସ୍ତାର କରିଛି 'ଶ୍ରୀରାଧା'ରେ ରାଧାଙ୍କର ହୃଦୟକୁ ତଦ୍ରୂପରି ଉଦ୍‌ବେଳିତ କରିପାରି ନାହିଁ ବୋଲି ବୁଝିହୁଏ। କାରଣ ସ୍ୱାମୀ ଓ ସଂସାରର ପୃଷ୍ଠଭୂମିରେ ନାୟିକା ନିଶ୍ଚିତ ଭାବରେ ପ୍ରେମିକା ଠାରୁ ନ୍ୟୁନ, ଏହା ନିସଂଦେହରେ କୁହାଯାଇପାରେ। ଭାରତୀୟ ସମାଜ ଓ ସଂସ୍କୃତି ପରିପ୍ରକ୍ଷୀରେ ବାସ୍ତବ ସତ୍ୟକୁ ବିଚାର କଲେ ବୁଝାଯାଏ ଯେ ଶାଶ୍ୱତ ବିରହ ହିଁ କେବଳ ପୁରୁଷ ନିକଟରେ ଥାଇପାରେ, ଯାହା ପରକୀୟା ପ୍ରୀତିରେ ବିବାହିତା ନାରୀ ନିକଟରେ ନାହିଁ। ଏହି ଚେତନାଗତ ପାର୍ଥକ୍ୟକୁ ହିଁ ଜଣେ ଦର୍ଶନୋନ୍ମୁଖୀ ବିଚାରକ ଦେଖିପାରେ।

'ଚିଠି'- ଚିରନ୍ତନ ଚେତନାର ଅନ୍ତହୀନ ଅନ୍ୱେଷଣ

ଡକ୍ଟର ହିମାଦ୍ରୀ ତନୟା ମିଶ୍ର

"ସମୟ ବିଷାଦ ନଈ" (୧୯୯୦) ଆଧୁନିକ ଓଡ଼ିଆ କାବ୍ୟ ସାହିତ୍ୟର ଅନନ୍ୟ କାବ୍ୟ ସମ୍ଭାର। ଯେଉଁଠି ପ୍ରେମ, ବିରହ, ନିଃସଂଗତା, ଆଧ୍ୟାତ୍ମିକତା, ଦର୍ଶନ ଓ ଆତ୍ମବିଭୋରପଣ ସାମୂହିକ ଭାବରେ ଏକତ୍ରିତ ହୋଇ ଏକ କ୍ଲାସିକ୍ ଭାବ ମଂଚ ତିଆରି କରିବାରେ ସମର୍ଥ ହୋଇଥାନ୍ତି। ପ୍ରଣୟିନୀର ଅବର୍ତ୍ତମାନରେ ଦଶଗୋଟି କବିତାର ଏକ ଗୁଚ୍ଛ ଭାବରେ ଯେଉଁ ମାର୍ମିକ ଚେତନାର ଅବତାରଣା କାବ୍ୟପୁରୁଷ କରିଛି, ତାହା ଦେହରୁ ହୋଇଛି ଦେହାତୀତ, ମନରୁ ହୋଇଛି ମନାତୀତ ତଥା ଉପଲବ୍ଧିର ସମସ୍ତ ଜଗତରେ ସୃଷ୍ଟି କରିପାରିଛି ପରିବ୍ୟାପ୍ତ ଚେତନାର ବିସ୍ତୀର୍ଣ୍ଣ କଳ୍ପଲୋକ। ଚିତ୍ରଭିତ୍ତିକ ବିଶ୍ୱାସମୟତାରେ ଏ ସଂକଳନସ୍ଥ ପ୍ରତିଟି କବିତା ଯେମିତି ଉଚ୍ଛଳ, ସନ୍ନ୍ୟାସୀୟ ଚେତନାରେ ସେହିପରି ଅତ୍ୟନ୍ତ ଭାବୋଦ୍ଦୀପକ। ଭାରତୀୟ ପ୍ରେମ ଓ ଜୀବନବୋଧରେ ପ୍ରେମ, ଶୈଳୀ ଓ ବକ୍ତବ୍ୟ ଦୃଷ୍ଟିରୁ ସେହି ପାରଂପରିକ ଅସ୍ତିତ୍ୱକୁ ଆଧୁନିକ ଦୃଷ୍ଟିଭଙ୍ଗୀରେ ଦେଖିବାର ପ୍ରୟାସ କରିଛି। ଫଳତଃ ଜୀବନଦର୍ଶନର ମୂଲ୍ୟବୋଧ ଉପରେ ଚିତ୍ରକଳ୍ପ, ପ୍ରତୀକ, ମିଥ୍ ଓ ମେଟାଫର କବିତାର ନୂତନ ଅସ୍ତିତ୍ୱ ନିର୍ମାଣ କରିବାରେ ସହାୟକ ହୋଇଛନ୍ତି। ଗୋଟିଏ ଦିଗରେ ଦ୍ୱିତୀୟ ବିଶ୍ୱଯୁଦ୍ଧ ପରବର୍ତ୍ତୀ ରୁଗ୍ଣ ଜୀବନର ଶୁଷ୍କ ତଥା ଆବର୍ଜନାପୂର୍ଣ୍ଣ କୁତ୍ସିତରୂପ ଓ ଅନ୍ୟ ପାର୍ଶ୍ୱରେ ପାରଂପରିକ ବୈଚିତ୍ର୍ୟ- କାବ୍ୟକଥନକୁ ମଧ୍ୟ ପ୍ରଭାବିତ କରିଛି। ସେହି ଦୃଷ୍ଟିରୁ "ସମୟ ବିଷାଦ ନଈ"ର ନୂଆ ସ୍ୱର ତଥା ଦଗ୍ଧୀଭୂତ ପ୍ରାଣରେ ସଂଚାର କରୁଥିବା ନୂତନ ଆଶା ଏକ ଚିରନ୍ତନ ଚେତନାକୁ ପ୍ରଭାବିତ କରିଛି ବୋଲି କହିବା ଯଥାର୍ଥ ହେବ।

"ସମୟ ବିଷାଦ ନଈ"ରେ ନାହିଁ ପ୍ରେମର ବିଫଳତା; ବରଂ ଅଛି ଏ ଜୀବନର ସ୍ୱପ୍ନ ଓ ମାଦକତା। ନିଃସଂଗ ଅସ୍ତିତ୍ୱ ଭିତରେ ନାହିଁ ବ୍ୟର୍ଥତା; ବରଂ ଅଛି

ଜହ୍ନ ତାରା ଖଚିତ ଆକାଶର ବିହ୍ୱଳତା। ଏକ ରସୋତୀର୍ଣ୍ଣ ପ୍ରାଣପ୍ରାଚୁର୍ଯ୍ୟ ଭରା ଆତ୍ମବିଭୋରତାରେ ଏ କବିତାମାନେ ସମୟର ବାସ୍ତବତାକୁ ମଧ୍ୟ ନ୍ୟୂନ କରି ଦିଅନ୍ତି ହୃଦୟରେ, ମନରେ ଓ ପ୍ରାଣରେ। ସନ୍ନିବେଶିତ କବିତାଗୁଡ଼ିକରେ ବାକ୍‌ରୀତିର ପ୍ରୟୋଗ ପ୍ରତିବିମ୍ବିତ କରିଛି କାବ୍ୟିକ ସୌନ୍ଦର୍ଯ୍ୟ। ଏଥିରେ ରହିଛି ଅନ୍ତହୀନ ବେଦନାର ସ୍ୱର, ରହିଛି ଅନ୍ୱେଷା ଓ ଆକୁଳତା। ରହିଛି ଆତ୍ମବିଭୋରପଣିଆ ଓ ଚେତନାର ବ୍ୟାପ୍ତି। ସ୍ୱରରେ ରହିଛି ବିସ୍ମୟ ଓ ଆଧିଭୌତିକତା।

ଏହି ପରିପ୍ରେକ୍ଷୀରେ "ସମୟ ବିଷାଦ ନଈ"ର ଦ୍ୱିତୀୟ କବିତା "ଗୌତମୀର ଚିଠି"କୁ ବିଶ୍ଳେଷଣ କରିବାର ପ୍ରୟାସ କରାଯାଇଛି। ପ୍ରଥମ କବିତାର ଭାବାବେଗ ଓ ଅନୁଭବ ଏ କବିତାବେଳକୁ ହୋଇଛି ଅଧିକ ତାତ୍ତ୍ୱିକ ଓ ଜିଜ୍ଞାସାମୟ। ଚେତନାର ପ୍ରଲମ୍ବିତ ଦୃଶ୍ୟରାଜି ଖୋଜି ଚାଲିଛି ପୂର୍ଣ୍ଣତାର ଉତ୍ସ। ନାହିଁ ଅନୁଶାସନ, ନାହିଁ ନିୟମ, ନାହିଁ ବନ୍ଧନ। କାବ୍ୟପୁରୁଷ ମୁକ୍ତ, ସେ ଅମୃତର ଆସ୍ୱାଦନ ପାଇଁ ବ୍ୟାକୁଳ, ଆନନ୍ଦରେ ମୋହିତ, ବିଗଳିତ। ପ୍ରତିଟି ଶବ୍ଦ ଭିତରୁ ଜୀବନକୁ ଘେରିଯାଉଛି ଘୋ ଘୋ ଦର୍ଶନ, ଯେଉଁଠି କବିତାର ଉଚ୍ଚତାକୁ ଭାଷା ମାଧ୍ୟମରେ ସ୍ପର୍ଶ କରିବା ଏକାନ୍ତ ଦୂରୁହ। ଏଠି କବିତାକୁ ସ୍ପର୍ଶ କରିହେବ ଅନ୍ତରର ଦୃଶ୍ୟରାଜି ଭିତରେ, ପ୍ରେମର ବିଶ୍ୱାସବୋଧ ଭିତରେ। ଫଳତଃ ଦେହ, ମନ ଓ ଆତ୍ମାକୁ ଏକାଠି କରି "ସମୟ ବିଷାଦ ନଈ"ର ପ୍ରେମର ସ୍ୱରୂପକୁ ଅନନ୍ତ ଯୁଗ ଯାଏ ବାନ୍ଧି ରଖି ହେବ।

ପ୍ରେମତୃଷ୍ଣା ସ୍ନେହ, କରୁଣା ଓ ମମତ୍ୱବୋଧ ଦ୍ୱାରା ହିଁ ପରିପୁଷ୍ଟ ହୋଇଥାଏ। ଏଥିରେ କେବଳ ଥାଏ ତ୍ୟାଗ। ସଂଶୟ ଭିତରେ ପ୍ରତିଟି ମୁହୂର୍ତ୍ତରେ କାବ୍ୟପୁରୁଷ ଏ ପ୍ରେମର ଅନ୍ୱେଷଣ କରୁଥାଏ ଓ ଏ ଏକାକୀତ୍ୱ ତଥା ନିଃସଂଗତା ଉପରେ କେବଳ ପ୍ରେମର ବିଭୂତି ଝରି ପଡୁଥାଏ। କାବ୍ୟନାୟିକାର ସତ୍ତା ଅନ୍ୱେଷଣରେ ଆତ୍ମହରା ହୋଇ ପଡୁଥିବା କାବ୍ୟପୁରୁଷର ଭାବନା ଅତ୍ୟନ୍ତ ସ୍ପର୍ଶକାତର ଓ ଅପରପକ୍ଷରେ ବିଶ୍ୱାସ ଦେହ ଓ ବାସନା ରହିତ। ସେଥିପାଇଁ ସେ ଅନୁଭବେ:

"ଗୌତମୀର ଚିଠି ଏଠି ଏଣେତେଣେ
ପବନ ସିଆରେ
ଗୌତମୀର ଚିଠି ଏଠି ଏଣେତେଣେ
ଆଲୋକରେ ଝଲୁଅଛି
ଦୃଶ୍ୟମୟ ହୋଇଯାଏ ଅନ୍ଧାରର ପାତଳ ପର୍ଦ୍ଦାରେ......।"

ସମଗ୍ର ମହାକାଳ ଭିତରେ ହିଁ ଚିଠିର ପ୍ରତିଟି ଅକ୍ଷର ଜାଜ୍ଜ୍ୱଲ୍ୟମାନ। କେବଳ ଚିଠିର ମାଧୁର୍ଯ୍ୟ ଭିତରେ ମୁହ୍ୟମାଣ କାବ୍ୟନାୟକ। ସମଗ୍ର ବିଲବଣ, ପାହାଡ଼, ନଦୀ,

ଆକାଶ ଓ ଜହ୍ନର ଆରପାରେ ସେ ବ୍ୟାକୁଳ ଭାବରେ ଖୋଜିବାରେ ଲାଗିଛି ଚିଠିର ପ୍ରତିଟି ଅକ୍ଷର।

ଆମ କାବ୍ୟ ପରଂପରାରେ ପ୍ରେମର ଅନ୍ୟତମ ବିଭାବ ଭାବରେ ଚିଠି ହିଁ ପରିଗଣିତ ହୋଇଥାଏ। ରୀତିଯୁଗୀୟ କାବ୍ୟଚେତନାରେ ଚନ୍ଦ୍ରଭାନୁର ଲାବଣ୍ୟବତୀକୁ ଚିଟାଉ, ପ୍ରେମ ସୁଧାନିଧି ନିକଟକୁ ଚିଟାଉ ବା କୃଷ୍ଣ ପରଂପରାରେ କାବ୍ୟନାୟକର ଚିଟାଉ ପ୍ରଭୃତି ପ୍ରେମର ଅନ୍ୟତମ ମୁଖ୍ୟଅଂଶ ଭାବରେ ବିବେଚିତ ହୋଇଛି। ଏହି ପରଂପରାର ଏକ ଦୃଷ୍ଟାନ୍ତ ଭାବରେ ସାମାନ୍ୟ ବ୍ୟତିକ୍ରମ ଦେଖିବାକୁ ମିଳେ "ସମୟ ବିଷାଦ ନଈ"ରେ। ଏଠାରେ ନାୟିକାର ଚିଠି ନାୟକ ପାଇଁ ଅଭିପ୍ରେତ। ନାୟିକାର ଅବର୍ତ୍ତମାନରେ ନାୟକର ଶୋକଜର୍ଜର କାବ୍ୟିକ ପରିଭାଷା ଭାବରେ "ସମୟ ବିଷାଦ ନଈ" ଯେ ଅନନ୍ୟ- ଏକଥା ସ୍ୱୀକାର କରିବାରେ ଦ୍ୱିଧା ନାହିଁ।

ସାରା ପ୍ରକୃତି ଯେମିତି ଗୌତମୀର ଚିଠିରେ ମ୍ରିୟମାଣ। 'ଭାଷା ତା'ର ନିରିମାଖି ଚଉଭାଂଗ ସାଦା କାଗଜରେ।' ଏ ଅକ୍ଷର ଭିତରେ ପ୍ରେମର ଅଭ୍ରଖଣ୍ଡକୁ ହୃଦୟର କେଉଁ ନିଭୃତତମ ପ୍ରଦେଶରେ କାବ୍ୟ ନାୟକ ଦେଖୁଥାଏ। ଏଠାରେ ସାଧାରଣ ବକ୍ତବ୍ୟଟିଏ ମୁଖ୍ୟତଃ ଚିତ୍ରକଳ୍ପ ପ୍ରୟୋଗ ଦ୍ୱାରା ହୋଇଛି ଅଧିକ କଳାତ୍ମକ ଓ ପ୍ରେମ ପ୍ରତି ପ୍ରକାଶିତ ଦୃଷ୍ଟିଭଂଗୀ ହୋଇଛି ଅଧିକ ମାର୍ମିକ। ଚିଠିର ବର୍ଣ୍ଣନା କରିବାକୁ ଯାଇ କାବ୍ୟ ପୁରୁଷ କହେ:

"ବିଲରେ ବିହନ ପରି
ଏ ଚିଠିରେ କେ' ଦେଇଚି ବିଂଚି ଅକ୍ଷରକୁ।
ବତାସରେ ପତ୍ର ପରି
ଉଡ଼ାଇ ଆଣିଚି କିଏ ଏ ଚିଠିର ପ୍ରତିଟି ଶବ୍ଦକୁ!
ପ୍ରତିଟି ଶବ୍ଦ ତ ମୋତେ ନୂଆ ଲାଗେ
ଯେମିତିକା ଆଉ କେଉଁ ଦେଶ ଲୋକ
ମୋତେ କିଛି ପଚାରୁଛି ଅବୁଝା ଭାଷାରେ
ପ୍ରତିଟି ଶବ୍ଦ ତ ମୋତେ ନୂଆ ଲାଗେ
ବିଞ୍ଚଣା ନଥିଲା ପରି ଝାଂଜି ଖରାବେଳେ।"

କବିତାର କଳାପକ୍ଷ ହିଁ ଏଠାରେ ଉତ୍ତୁଙ୍ଗ ଶିଖରକୁ ସ୍ପର୍ଶ କରିଛି। ଆକୁଳ ହୃଦୟର ବ୍ୟଥା ଭିତରେ କବି ସତ୍ତାର କାବ୍ୟିକପଣ ହୋଇଉଠିଛି ଅନ୍ତର୍ହୀନ ଆବେଗ ସର୍ବସ୍ୱ। ବାସ୍ତବ ଜୀବନ ଓ କାବ୍ୟିକ ଜୀବନ ଭିତରେ ହିଁ ଏହିଠାରେ ସେହି ଫରକଟିକୁ ପାଠକ ଅନୁଭବ କରିପାରିବେ। ଏକ ଉତ୍ତରିତ ପ୍ରେମ ଚେତନା ଭିତରେ କାବ୍ୟନାୟକ

ଭୁଲିଯାଉଛି ଏ ନଶ୍ୱର ପୃଥିବୀ, ଭୁଲିଯାଉଛି ପୃଥିବୀର ବ୍ୟଥାବେଦନା। ସେ ଆଉ ନାହିଁ ନିଜ ଭିତରେ ନିଜେ। ଫଳତଃ ସେ ଚିହ୍ନି ପାରୁ ନାହିଁ ଚିଠିର ଅକ୍ଷର- ତାକୁ ଲାଗୁଛି ଆଉ କେଉଁ ଦେଶ ଲୋକ ଯେମିତି ଅବୁଝା ଭାଷାରେ ତାକୁ କିଛି କହୁଛି। ଏହା ହୁଏତ କାବ୍ୟିକ ଅତିଶୟୋକ୍ତି ହୋଇପାରେ, କିନ୍ତୁ ବୌଦ୍ଧିକ ଅନୁଭୂତି ଭିତରେ ଏ ପ୍ରେମର ଗଭୀରତମ ଅର୍ଥକୁ ବୁଝିବା ଆଦୌ ସହଜ ମନେହୁଏ ନାହିଁ।

ଶବ୍ଦ ସବୁ ବେଳେବେଳେ କାବ୍ୟନାୟକ ଚାରିପିଟି ମୂର୍ତ୍ତିଟିଏ ହୋଇ ନାଚ କରିବା- କେତେବେଳେ ହୃଦୟରେ ଶବ୍ଦ ସବୁ ପ୍ରତିଧ୍ୱନିତ ହେବା- କେତେବେଳେ ସେ ଶବ୍ଦ ସବୁ ରକ୍ତପ୍ରବାହରେ ମିଶିଯିବା- କେତେବେଳେ ସବୁ କଥା ଅବୁଝା ରହିଯିବା;- ଏକ ଅତୃପ୍ତ ମନକୁ ବାରମ୍ବାର ଉପସ୍ଥାପନ କରୁଛି। ଯେଉଁଠି କେବଳ ଅର୍ଥ ଅନ୍ୱେଷଣ କରାନଯାଇ ଭାବ ଭିତରେ ପାଠକଟିଏ ଆତ୍ମମଗ୍ନ ହୋଇଯାଏ। ଅନ୍ତହୀନ କାବ୍ୟିକ ଜ୍ୱଳନ ଭିତରେ ଛଟପଟ ହେଉଥିବା ପାଠକ ପାଇଁ "ସମୟ ବିଷାଦ ନଈ" ହିଁ ଏକ ଅଶାନ୍ତ ଗର୍ଭ, ଯେଉଁଠି ସେ ଜୀବନର ବ୍ୟାପକତାକୁ ସ୍ପର୍ଶ କରୁଥାଏ। ପ୍ରେମର ଉଲ୍ଲସିତ ରହସ୍ୟ ଭିତରେ ଗୋଟିଏ ଗୋଟିଏ ଯୁଗ ମୁହୂର୍ତ୍ତ ପରି ପ୍ରତୀୟମାନ ହେଉଥାଏ। ଜୀବନର ଏ ଯେଉଁ ତନ୍ମୟତା, ସ୍ୱପ୍ନପ୍ରବଣତା ଭିତରେ ମନପକ୍ଷୀ କାହିଁ କେତେ ଦୂର ଉଡ଼ି ଯାଇଥାଏ। ତା' ପାଖରେ ନଥାଏ ପୃଥିବୀର ଠିକଣା, ନଥାଏ ପାର୍ଥିବଜଗତର ସନ୍ତୁଳିତ ଜୀବନ। ସେତେବେଳର ରୋମାଂଚ ଓ ଅସ୍ତିତ୍ୱହୀନ ରହସ୍ୟ ଠିକ୍ ଏଇମିତି:

"ଆଉଟା ଲୁହାର ଖଣ୍ଡ ତରଳୁଚି
ପାଣିପରି ବହୁଅଛି ନିର୍ଦ୍ଦିଷ୍ଟ ବାଟରେ
ବେଳେବେଳେ ବାଟଘାଟ ଆଉ କିଛି ନାହିଁ
ଉଚ୍ଛୁଳା ନଈର ସୁଅ
ବନ୍ଧ ସାରା ଘାଇ କରି ଯାଉଥାଏ ବହି।"

ଅପୂର୍ବ ଏ ଅନୁପଲଭ୍ୟ ଉପଲବ୍ଧି କାବ୍ୟପୁରୁଷର। ନିବିଡ଼ ଅନୁଭବର ଅନାବିଳ ପରିପ୍ରକାଶ ଘଟିଛି ଏହି ସୋପାନରେ, ଯେଉଁଠି ସୃଷ୍ଟି ହୋଇଛି କାବ୍ୟିକ ମାୟାଜାଲ। ଏଠି ସେଥିପାଇଁ ଦେହ- ଦେହହୀନ, ଇନ୍ଦ୍ରିୟ- ଇନ୍ଦ୍ରିୟହୀନ, ସ୍ୱପ୍ନ- ସ୍ୱପ୍ନହୀନ ଓ ବ୍ୟାକୁଳତା ନୈର୍ବକ୍ତିକ ଭାବନାରେ ମର୍ଯ୍ୟାଦାବନ୍ତ। ସୁତରାଂ ଶବ୍ଦମାନେ ପାଲଟି ଯାଆନ୍ତି ପରଂବ୍ରହ୍ମ ଓ ରୋମାଣ୍ଟିକ ବିଷାଦବାଦ ଭିତରୁ ପ୍ରେମର ଶୁଚିତାକୁ ପାଠକ ପ୍ରତ୍ୟକ୍ଷ କରିଥାଏ।

ଏ ଆନନ୍ଦ ଅସୀମ ଓ ଶବ୍ଦ ପ୍ରତି ଏ ଶ୍ରଦ୍ଧା ଭିତରେ ପାଠକଟିଏ ଅଭିଭୂତ ହୋଇଯାଏ। କାବ୍ୟନାୟକର ବିହ୍ୱଳପଣ ଭିତରେ ଏ ଚିଠିର ଉପଲବ୍ଧି ଠିକ୍ ଏହିପରି:

"ପ୍ରତିଟି ଅକ୍ଷରେ ତୋ'ର ନୂଆନୂଆ ଇତିହାସ
ପ୍ରତିଟି ଶବ୍ଦରେ ତୋର କୋଟିକୋଟି ପୃଥିବୀ ବିଲୀନ
ଶବ୍ଦର ଭାବରେ ପୁଣି ଏତେ ନୂଆ ସ୍ୱପ୍ନଥାଏ
ଶବ୍ଦଟିଏ ଏ ବିଶ୍ୱର ନୂଆ ଅଭିଧାନ।
ଗୋଟିଏ ଶବ୍ଦକୁ ନେଇ
ଯଦି ମୁହିଁ ଘୂରୁଥାଏ ଜନ୍ମ ଜନ୍ମାନ୍ତର
ତଥାପି କେବେ ମୁଁ ତାକୁ ବୁଝିନେବି
ଏ ବିଶ୍ୱାସ ନାହିଁ ତ ମୋହର।"

ଏ ଅବାରିତ ପ୍ରେମବୋଧର ପରିପୂର୍ଣ୍ଣ ସମର୍ପଣ ଭାବକୁ ଏଠାରେ ଲକ୍ଷ୍ୟ କରାଯାଇପାରେ, ଯେଉଁଠି ସମୟ ସ୍ଥିର ତଥା ଭାବନା ପ୍ରବହମାନ ଆଶାବୋଧ ଭିତରେ ଘୂର୍ଣ୍ଣାୟମାନ। ଏଠାରେ କାବ୍ୟିକ ବ୍ୟାଖ୍ୟା ଏକାନ୍ତ ଗୌଣ ମନେହେବା ସହିତ କବି-ଚେତନା ହୋଇପଡ଼େ ପ୍ରହେଳିକାମୟ। ପ୍ରତିଟି ଶବ୍ଦରେ ନୂଆ ନୂଆ ଇତିହାସ, ପ୍ରତିଟି ଶବ୍ଦରେ କୋଟିକୋଟି ପୃଥିବୀ ବିଲୀନ, ପୁଣି ଶବ୍ଦ ଭିତରେ ଏତେ ସ୍ୱପ୍ନ ଯାହା ଗୋଟିଏ ଶବ୍ଦ ପାଲଟିଯାଏ ବିଶ୍ୱର ନୂଆ ଅଭିଧାନ- ଯା' ଭିତରେ ଭାଷା ସ୍ୱମର୍ଯ୍ୟାଦା ହରାଇ ଭାବର ରହସ୍ୟ ଭିତରେ ପ୍ରତିନିୟତ ବିଲୀନ ହୋଇ ଯାଉଥାଏ।

ଆଧୁନିକ ଓଡ଼ିଆ କବିତାରେ ଶାସ୍ତ୍ରୀୟ ମୂଲ୍ୟବୋଧର ଯେତେ ପରିବର୍ତ୍ତନ ଘଟିଲେ ବି ବିଷାଦ ବେଦନା- ବିଧୂର ମନ ଓ ପ୍ରାଣ ନିକଟରେ ଶବ୍ଦ ଯେ ବାରମ୍ବାର ଆତ୍ମସମର୍ପଣ କରେ- ଏହା ଯେ କୌଣସି ଆଲୋଚକ ଅନୁଭବ କରିପାରିବେ। ପୁନଶ୍ଚ ଏକ କ୍ଲାସିକ ଭାବବସ୍ତୁ ନିକଟରେ ପରଂପରା ଭିତରୁ ବି ଏକ ନୂତନ ଅସ୍ତିତ୍ୱ ବାରମ୍ବାର ଜନ୍ମ ନେଇ ସୃଷ୍ଟି କରେ ରହସ୍ୟ ବିଜଡ଼ିତ ଅସରଂତି ସମ୍ଭାବନା। ଯେଉଁଠି କାବ୍ୟଚେତନା ମାଟି, ଜୀବନ ଓ ଚେତନା ଭିତରେ ସମାନ୍ତର ଭାବରେ ଗତି କରୁଥାଏ। ଏହି ଦୃଷ୍ଟିରୁ "ସମୟ ବିଷାଦ ନଈ"ର ଏ ଚିଠି କବିତା ଭାବ, ଭାଷା, ବକ୍ତବ୍ୟର ଧାରା ଭିତରେ ସୃଷ୍ଟି କରିଛି ଅସରନ୍ତି କାବ୍ୟବୋଧ।

ପ୍ରଚୁର ସ୍ୱପ୍ନର ଆକର୍ଷଣରେ ବିମୋହିତ କାବ୍ୟପୁରୁଷ କେବଳ ଗୋଟିଏ ଶବ୍ଦକୁ ବୁଝିବା ପାଇଁ ଜନ୍ମ ପରେ ଜନ୍ମ ଯେ ଅକୁଳାଣ ଏହା ପ୍ରକାଶ କରିବାବେଳେ ପାଠକ ଅସରନ୍ତି ଜିଜ୍ଞାସା ଭିତରେ ହିଁ ହଜିଯାଇଥାଏ। ସ୍ୱପ୍ନର ଆକର୍ଷଣ କେତେ ଭାବଦ୍ୟୋତକ ହୋଇପାରେ ତାହା "ସମୟ ବିଷାଦ ନଈ" ପ୍ରସଂଗରେ ହିଁ ଉପଲବ୍ଧି କରାଯାଇପାରେ।

ଲେଖକ ପରିଚିତି:-

ଡକ୍ଟର କୃଷ୍ଣ ବଳ (୧୯୫୫):- ଓଡ଼ିଆ ଓ ଇଂରାଜୀ ସମାଲୋଚନା ସାହିତ୍ୟର ଜଣେ ଦକ୍ଷ ଆଲୋଚକ ଭାବରେ ଡକ୍ଟର ବଳଙ୍କର ଲେଖନୀର ସ୍ୱାତନ୍ତ୍ର୍ୟ ରହିଛି। ତାଂକର ପ୍ରକଶିତ ଗ୍ରନ୍ଥ ମଧ୍ୟରେ 'ଅନ୍ୟଦିଗନ୍ତ', 'ରକ୍ତରାଗର ଚହଟା' ଓ 'ଅପରାହ୍ନର ଶୈଳୀ' ଅନ୍ୟତମ।

ପ୍ରଫେସର ପ୍ରମୋଦ କୁମାର ସାମଲ (୧୯୪୫):- ଜଣେ ସମାଲୋଚକ ଓ ପ୍ରାବନ୍ଧିକ ଭାବରେ ସୁପରିଚିତ। 'ଓଡ଼ିଆ ସାହିତ୍ୟର ଦିଗ ଓ ଦର୍ଶନ', 'ସ୍ରଷ୍ଟା ମାନସ : ସୃଷ୍ଟି ଓ ସୌନ୍ଦର୍ଯ୍ୟ', 'ସମାଲୋଚନା ସୌରଭ', 'ପୁରାଣ ପର୍ଯ୍ୟବେକ୍ଷଣ', 'ଚିନ୍ତନର ଚର୍ଯ୍ୟାଗୀତି' ଓ 'ଦାଣ୍ଡରୁ ଏକଥା କେମନ୍ତ ଦିଶେ' ପ୍ରଭୃତି ତାଂକର ସାରସ୍ୱତ ସମ୍ଭାର।

ଡକ୍ଟର ସତ୍ୟପ୍ରିୟ ମହାଳିକ (୧୯୬୩):- ସାଂପ୍ରତିକ କାଳର ଜଣାଶୁଣା କଥାଶିଳ୍ପୀ ସତ୍ୟପ୍ରିୟ ମହାଳିକ ଓଡ଼ିଆ ସମାଲୋଚନା କ୍ଷେତ୍ରରେ ମଧ୍ୟ ସ୍ୱତନ୍ତ୍ର। ତାଙ୍କର 'ଚାଟେରୀ ଲୀଳାର ବିଚାରମଞ୍ଚ', 'ନାମ ଓ ଲୋକ ସଂସ୍କୃତି', 'ଶହେ ବର୍ଷର ଓଡ଼ିଆ ଗଳ୍ପ ଓ ଅନ୍ୟାନ୍ୟ ଆଲୋଚନା', 'ଭଦ୍ରକ ଇତିହାସ', 'ଓଡ଼ିଆ: ଷଢ଼େଇ କଳା ଖରସୁଆଁ' ଆଦି ସମାଲୋଚନା ଓ ଗବେଷଣାତ୍ମକ ପୁସ୍ତକଗୁଡ଼ିକ ତାଙ୍କ ବୌଦ୍ଧିକତାର ପରିଚୟ ଦେଇଥାନ୍ତି।

ଅଧ୍ୟାପକ ପ୍ରଶାନ୍ତ କୁମାର ବିଶ୍ୱାଳ (୧୯୬୨):- ଆଲୋଚନା, ସମାଲୋଚନା, ନିବନ୍ଧ ଓ ପ୍ରବନ୍ଧକୁ ନୂତନଭାବରେ ପାଠକଙ୍କୁ ଭେଟି ଦିଅନ୍ତି ଶ୍ରୀଯୁକ୍ତ ବିଶ୍ୱାଳ। 'ସାହିତ୍ୟ ଓ ସାଂପ୍ରତିକୀ', 'ଜୀବନ ଓ ସର୍ଜନ' ପ୍ରବଂଧ ସଂକଳନରୁ ତାଂକର ବୌଦ୍ଧିକତାର ପରିଚୟ ମିଳିଥାଏ।

ଅଧ୍ୟାପକ ଅଭିମନ୍ୟୁ ରାଉତ (୧୯୬୦-୨୦୨୦):- ଜଣେ ସୁପରିଚିତ କଥାକାର ଓ ସମାଲୋଚକ। ତାଂକ ରଚନାରେ ରହିଛି ମାଟିର ଗନ୍ଧ ଓ ସଂସ୍କୃତିର ଝଲକ। 'ଶ୍ରୀ ଜଗନ୍ନାଥଙ୍କୁ ଗାଳି' ତାଂକର ଏକ ମୌଳିକ ସୃଷ୍ଟି।

ଡକ୍ଟର ହିମାଦ୍ରୀ ତନୟା ମିଶ୍ର (୧୯୮୩):- 'ତରୁଣକାନ୍ତି ମିଶ୍ରଙ୍କ ଗଳ୍ପର ସ୍ଥାପତ୍ୟ ଓ ବୈଚିତ୍ର୍ୟ' ଗବେଷଣାତ୍ମକ ନିବନ୍ଧ ନିମନ୍ତେ ଉତ୍କଳ ବିଶ୍ୱବିଦ୍ୟାଳୟରୁ ପି.ଏଚ.ଡ଼ି ଡିଗ୍ରୀ ପ୍ରାପ୍ତ ଡକ୍ଟର ମିଶ୍ର ଓଡ଼ିଆ ସମାଲୋଚନା ସାହିତ୍ୟରେ ନୂତନ ସ୍ୱାକ୍ଷର। ତାଂକର ପ୍ରବନ୍ଧ ସଂକଳନ 'ଅନ୍ତରଂଗ ଆଲୋଚନାର ଉଚ୍ଛ୍ୱାସ'। ବିଭିନ୍ନ ପତ୍ରପତ୍ରିକାରେ ସ୍ଥାନିତ ତାଙ୍କ ସମାଲୋଚନାତ୍ମକ ପ୍ରବନ୍ଧକୁ ଆକଳନ କଲେ ସେ ଆଗାମୀ ସମୟର ଓଡ଼ିଆ ସମାଲୋଚନା ଧାରାରେ ଏକ ସମ୍ଭାବନାର ପ୍ରତ୍ୟୟ ସୃଷ୍ଟି କରିଥାନ୍ତି।

BLACK EAGLE BOOKS

www.blackeaglebooks.org
info@blackeaglebooks.org

Black Eagle Books, an independent publisher, was founded as a nonprofit organization in April, 2019. It is our mission to connect and engage the Indian diaspora and the world at large with the best of works of world literature published on a collaborative platform, with special emphasis on foregrounding Contemporary Classics and New Writing.

www.ingramcontent.com/pod-product-compliance
Lightning Source LLC
LaVergne TN
LVHW041639060526
838200LV00040B/1633
9781645603801